아리랑로드

천년의 소리 정선아리랑이 흘러간 아리랑 길을 따라

답사대장 **이재열**
준비진행 **박종만**
기록홍보 **조성윤**
안내고증 **김수복**
차량지원 **백호민**

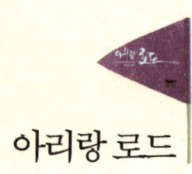

아리랑 로드

초판 1쇄 발행 2014년 12월 10일

지은이 이재열·박종만·조성윤·김수복·백호민 • 발행인 권선복 • 편집주간 김정웅 • 기록·정리 정희철 •
디자인 곽민경 • 마케팅 서선교 • 전자책 신미경 •
발행처 도서출판 행복에너지 • 출판등록 제315-2011-000035호 • 주소 (157-010) 서울특별시 강서구 화곡로 232 •
전화 0505-613-6133 • 팩스 0303-0799-1560 • 홈페이지 www.happybook.or.kr • 이메일 ksbdata@daum.net

값 15,000원
ISBN 979-11-5602-085-1   13980

Copyright ⓒ 이재열·박종만·조성윤·김수복·백호민, 2014

* 이 책은 저작권법에 따라 보호받는 저작물이므로 무단전재와 무단복제를 금지하며, 이 책의 내용을 전부 또는
  일부를 이용하시려면 반드시 저작권자와 〈도서출판 행복에너지〉의 서면 동의를 받아야 합니다.
* 잘못된 책은 구입하신 곳에서 바꾸어 드립니다.

> 도서출판 행복에너지는 독자 여러분의 아이디어와 원고 투고를 기다립니다. 책으로 만들기를 원하는 콘텐츠가
> 있으신 분은 이메일이나 홈페이지를 통해 간단한 기획서와 기획의도, 연락처 등을 보내주십시오. 행복에너지의
> 문은 언제나 활짝 열려 있습니다.

아리랑 로드

도서
출판 행복에너지

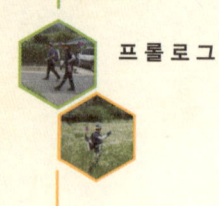 프롤로그

간다지 못 간다지 얼마나 울었나
송정암 나루터가 한강수가 되었네

오늘 갈런지 내일 갈런지 정수정망 없는데
맨드라미 줄봉숭아는 왜 심어나 놓았나

아리랑 아리랑 아라리요
아리랑 고개 고개로 나를 넘겨주게

　정선아리랑의 노랫말처럼 오늘 갈런지 내일 갈는지, 간다지 못 간다지. 참 오랜기간 망설이고 또 망설였었다. 127년 전 오횡묵 군수가 걸었던 그 길을.
　7일간 228.4km를 걷고 나니 훗날 누군가가 또 우리와 같이 무모한 도전을 하리라는 기대감에 그 여정을 정리한다.

　여정 중 따스하게 대해 주셨던 식당 아주머니와 슈퍼마켓 할머니. 그리고 미리 길목에 마중 나와 격려해 주신 지인분들에게 진정 고마운 뜻을 담아 여기에 기록한다.

- 프롤로그 … 4

- 정선총쇄록과 아리랑 로드 … 10

- 길 떠날 채비 … 11

- 걷는 데 필요한 것 … 13

- 출발 전야 … 14

- 2014. 6. 19. 13:30 첫째 날 … 16

- 2014. 6. 20. 07:00 둘째 날 … 30

- 2014. 6. 21. 07:00 셋째 날(하지) … 61

- 2014. 6. 22. 07:10 넷째 날 … 87

- 2014. 6. 23. 07:33 다섯째 날 … 110

- 2014. 6. 24. 07:55 여섯째 날 … 131

- 2014. 6. 25. 07:55 일곱째 날 … 154

- 2014. 6. 26. 06:50 여덟째 날 … 179

- 아리랑 로드, 세계를 잇다 … 193

- 정선으로 돌아오는 길 … 195

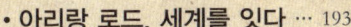

- 부록 1

  아리랑 로드 답사길 7일 요약 … 196

  1일차 6. 19 (목)
  2일차 6. 20 (금)
  3일차 6. 21 (토)
  4일차 6. 22 (일)
  5일차 6. 23 (월)
  6일차 6. 24 (화)
  7일차 6. 25 (수)
  8일차 6. 26 (목)

- 부록 2

  2014 ⇒ 1887년 서울 ~ 정선 오가는 길
  −Arirang Road 여정길 정리 … 208

아리랑로도

군민들이 일하면서 서로 주고받으며 흥겹게 부르는 소리가 있었다. 한 구절이라도 언급해 주었다면 너무나 좋았을 텐데 그렇지 못해 늘 아쉬운 마음이다. '격양가'를 한글과 한자 모두를 사용하여 기록한 것처럼, 주고받는 소리를 이와 같이 기록해 놓았다면 그것은 바로 '아리랑'이었을 것이다. 이 책이 널리 퍼진 시기는 2002년 10월에 정선 문화원(원장 배선기, 사무국장 고종헌)에서 국역정선총쇄록을 발간하고 배포하면서부터이다. 조선 고종 24년, 1887년 정해년 3월 5일. 정선군수를 제수받는 날부터 1888년 무자년 8월 4일 자인현감으로 발령을 받고 23일 정리하여 마무리하는 날까지의 기록을 담고 있다.

정선총쇄록과 아리랑 로드

『정선총쇄록』은 정선군의 자랑스러운 보물이다. 127년 전의 정선군 관아의 일과 군민들의 생활상을 자세히 기록해 놓은 책이다. 오횡묵 군수의 투철한 사명감과 빼어난 실력이 묻어난 문장을 보면 절로 존경하는 마음이 나온다. 또한 애민 정신을 가지고 크나큰 선정을 베풀어 군민들의 마음에 평안함을 가져다 준 은혜에 너무나 감사할 따름이다.

군민들이 일할 때 서로 주고받으면서 흥겹게 부르는 소리가 있었다. 정선총쇄록에서 한 구절이라도 언급해 주었다면 너무나 좋았을 텐데 그렇지 못해 정말 아쉬울 따름이다. '격양가'를 한글과 한자 모두를 사용하여 기록한 것처럼, 주고받는 소리를 이와 같이 기록해 놓았다면 그것은 바로 '아리랑'이었을 것이다. 이 책이 널리 퍼진 시기는 2002년 10월에 정선 문화원(원장 배선기, 사무국장 고종헌)에서 국역정선총쇄록을 발간하고 배포하면서부터이다. 조선 고종 24년, 1887년 정해년 3월 5일. 정선군수를 제수받는 날부터 1888년 무자년 8월 4일 자인현감으로 발령을 받고 23일 정리하여 마무리하는 날까지의 기록을 이 책은 담고 있다.

이 책은 그 당시 정선의 모습을 세세하게 기록하여 책을 읽다 보면 마치 사진을 보는 것 같은 착각에 빠지게 한다. 이를 토대로 정선의 127년 전 모습을 하나씩 복원한다면 정선은 대한민국 최고의 전통문화 도시가 될 수 있을 것이라고 감히 자부한다. 그렇기에 이 책은 타임머신의 역할을 하는 정선의 자랑스러운 보물이다. 그리고 단연 돋보이는 부분은 천년의 소리 정선아리랑이 흘러간 아리랑 길, 아리랑 로드의 유구한 역사를 차근차근 밝혀주고 있다는 점이다.

길 떠날 채비

아리랑 로드로 떠나기 위해서는 여러 가지 준비가 필요하다. 먼저 기록에 남겨진 길을 찾아야 한다. 불과 127년 전, 휘몰아치는 역사의 소용돌이를 겪으면서 지명이 급격하게 변했기 때문에 오늘날 길을 찾는 데에는 너무나 어려움이 많다. 고을 이름은 한자로 되어 있지만 마을 이름은 우리말을 한자로 기록한 형태여서 서로 판이하게 다른 곳이 많다. 특히 대한민국의 격동기였던 1910년대를 거치면서 인위적인 변천이 많아졌기 때문에 현장을 살펴보지 않고는 어디를 걸었는지 도무지 알 수 없는 곳이 많다. 그래서 첫 번째로, 총쇄록에 나타난 여덟 번을 왕래하면서 쓰인 지명을 현재의 지명과 대조하여 길을 찾는다. 두 번째로, 서울에서 정선까지의 여정을 거치면서 경유하는 10여 개 시군의 지도에 마을을 표시하고 맞추어 보면서 지도에 옛길을 표시한다. 세 번째로, 이 길이 과연 사람이 걸어서 갈 수 있는 길인지 확인한다.

먼저 사전 답사를 시작한다. 무엇보다도 사람이 걸을 수 있는 길인가가 가장 중요한 것이다. 차량으로 경복궁에서부터 역순으로 내려오면서 확인하고 주요 고개와 원주 지역 등을 거쳐서 확인한다. 네다섯 번에 걸쳐서 주도면밀한 답사를 하고 출장길에도 틈틈이 답사한다. 완전히 방치되어 찾지 못하는 곳인 벽파령은 평창으로 넘어가는 곳으로 유일하게 신작로가 나지 않은 고개로 남아 있다. 여우재와 문재가 크나큰 난관이지만 그래도 신작로가 개통되었기 때문에 멀리 돌아서라도 갈 수는 있어서 다행이다.

4차선 국도가 개통된 곳의 가장 큰 문제점은 자동차다. 보행자를 전혀 고려하지 않고 만든 넓고 곧은 길이기 때문에 보행자가 걷기에는 너무나 위험하다. 가장 위험한 곳은 새말에서부터 원주로 들어가는 가매기 고개(부현), 원주 학성동의 청골 사거리에서부터 만종 사제 사거리까지 이어지는 국도변, 남양주 삼패 사거리 고산로부터 가운 사거리까지의 구간 등인데, 보행자 도로가 없어 매우 위험한 구간이다.

옛날에는 길이 없어서 걸어가지 못했지만 지금은 길을 두고도 못 걷는다. 큰 길이 사람을 막고 있어 걸어가지 못하는 위험한 상황이다. 이렇게 지도를 확인하고 총쇄록의 지명과 대조해서 사전에 현장을 답사하는 작업은 이미 몇 년 전부터 구상하고 있었지만 실행하지 못했다. 올해 갑오년 초가 돼서야 구체적인 실행에 옮길 수 있도록 준비를 하였는데, 약 5개월 정도의 기간이 소요되었다.

걷는 데 필요한 것

안전하게 구간을 완주하기 위해서는 문헌상의 기록과 함께 각종 물품들을 준비하는 과정이 필요하다. 먼저 단체로 준비할 물품들은 지도, 다음(Daum) 지도 어플과 태블릿 PC, 카메라, 구급약, 비상식량과 코펠, 버너 등의 소형 도구들이다. 그리고 메디폼과 밴드, 바세린 등 물집을 방지할 수 있는 구급약도 무척 중요하다. 비상식량은 초콜릿, 연양갱, 사탕, 컵라면 정도면 무난하다. 식사장소와 숙소는 길을 지나면서 마을이나 도시에서 직접 찾거나 사전에 예약을 한다. 개별적인 준비물로는 신발 두 켤레, 잘 마르는 기능성 옷, 챙 넓은 모자, 등산지팡이, 발가락 양말과 등산 양말, 수건 및 스카프, 작은 손전등, 휴대전화 충전기, 칫솔, 치약 정도면 된다.

아무리 열심히 준비물을 챙겼더라도 출발하면 첫날부터 바로 부족한 것이 나타나는데, 그럴 때는 근처의 가게에서 물건을 보충하면 된다. 언제든지 비를 맞을 수 있기에 배낭은 방수포가 달린 것을 준비한다. 그리고 음식을 준비할 때 가장 중요한 것은 무인지경(無人之境)인 벽파령과 문재에서 식사할 수 있도록 충분한 양을 비축해두어야 한다는 사실이다. 중간에 먹을 간식은 매일 아침 또는 저녁에 하루치를 준비해서 서로 나누어 지니고 있어야 한다.

걷는 내내 우리를 가장 괴롭게 했던 부분은 무릎과 대퇴부의 고관절 인대에서 느껴지는 통증이었다. 인대 부위에 통증이 느껴진다면 절대 빨리 걷지 말고 천천히 걸어야 한다. 그래도 통증이 지속된다면 병원을 찾는 것이 좋다. 가장 자주 우리를 괴롭혔던 또 하나는 발바닥의 물집이었다. 물집은 마음대로 통제가 되는 부분이 아니다. 물집이 한번 작게라도 생기면 점점 커지는 상황이 발생한다. 물집이 생겼을 때 바로 구멍을 크게 내어 물을 빼내면 그 부위는 더 이상 커지지 않는다. 걷기 전에 평소 물집이 잘 생기는 부위에 메디폼이나 스포츠 밴드를 넓게 붙이고 가는 것이 좋은 물집 예방책이다. 발가락 물집은 발가락 양말로 어느 정도 보호가 되지만 새끼발가락과 엄지발가락은 미리 메디폼을 붙여놓는 것이 좋다. 비누나 여성용 스타킹을 발바닥에 사용하라는 말도 있지만 그것은 개개인의 발 건강 상태에 따라 차이가 나는 부분이다. 물집이 생기지 않도록 사전에 철저한 예방조치를 취해야 걸을 때 불편함이 없는 안전한 여행을 떠날 수 있다.

출발 전야

출장이야 자주 다니지만 이상하게도 일주일 동안 서울에 출장을 가는 것 이상으로 신경이 쓰인다. 가족들은 이것저것 준비하라고 난리법석을 떨면서 재촉하지만 나는 그저 싱숭생숭한 느낌만이 들 뿐이다. 걸으면서 무엇을 해야 할지, 난관이 생기면 어떻게 대처해야 할지 등 하나부터 열까지 걱정스럽지 않은 것이 없다. 대부분의 대원들이 일이 너무 바빠서 미처 짐을 싸지 못해 전날은 다들 일찍 퇴근해서 집으로 향한다. 서울까지 걸어간다고 여러 사람들 앞에서 공개적으로 발표를 했으니 안 간다고 번복할 수도 없는 노릇이다.

집에서 각자의 짐을 정리한다. 짊어지고 갈 배낭에는 하루분의 옷가지와 간식들이 들어가고 또 하나의 큰 가방에는 일주일치의 옷가지와 물품들이 들어간다. 출발 당일이 되면 큰 가방들은 모두 모아서 우리를 지원하는 차량에 싣고 매일 저녁에 숙소에서 만나서 각자의 짐에 부족한 부분을 보충하고 차는 가방을 다시 싣고 돌아가는 방식으로 움직인다.

답사대원 4명과 차량지원 1명, 차량 1대에 홍보 배너를 앞뒤로 붙여서 준비한다. 답사팀장 이재열, 준비진행 박종만, 기록홍보 조성윤, 안내고증 김수복, 차량지원 백호민. 이렇게 우리의 답사는 시작됐다.

🌀 2014. 6. 19. 13:30 첫째날

　오전에는 서둘러 각자의 짐과 단체 준비물을 다시 배분하고 점검하면서 머나먼 여정을 떠날 준비를 한다. 새벽같이 일찍 출발할 생각도 하였으나 "천 리 길도 한 걸음부터."라는 말처럼 첫날은 하루의 반만 걷기로 의견을 모았다. 평소 운동부족으로 부실해진 체력을 감안한 판단이었다. 또한 오륙십 년 정도 방치된 벽파령 길을 처음으로 찾아 나서는 쉽지 않은 첫날의 일정이었기에 오후에 출발하여 회동에서 잠을 자기로 하였다. 그 다음날은 정선의 관문이라고 할 수 있는 가리왕산 벽파령을 아침에 오르는 일정이었다.

준비된 배낭을 테이블에 모두 올려놓고 살펴보니 생수가 보이지 않는다. 급하게 슈퍼에 가서 생수를 샀다. 그나마 미리 발견해서 다행이다. 물이 없어 난감한 상황이 발생할 뻔 했다. 혹시나 빠진 다른 물건은 없을까 걱정이 된다. 출발 시간이 다 되어 가니 달리기 시합도 아닌데 괜히 마음이 조급해진다. 출발 시간인 한 시 반이 되기 전에 군청 현관 앞에 모여서 기념 촬영을 한다. 답사팀과 문화관광과 직원, 각 부서 직원들이 먼 길을 떠나는 우리를 격려하면서 용기를 북돋아줬지만 대원들 모두 걱정이 되는지 기념사진을 찍는데 다들 표정이 어둡다. 조인묵 부군수님도 친히 나와서 격려

해 주신다. 이제 진짜로 출발이다!

 기분이 묘하다. 누가 가라고 한 것도 아니고 무엇을 잘못해서 벌을 받아 귀양 가는 것도 아닌데 어쩌다 서울로 걸어서 가게 된 것인지 도무지 잘 모르겠다. 127년 전의 길을 스스로 간다는 것밖에는 달리 생각나는 것이 없다. 마지막으로 직원들과 군청을 향해 손을 흔들면서 머나먼 서울로 향한다.
 군청을 출발하여 제일 먼저 만나는 곳이 예전에 소를 사고팔던 하동의 우시장 거리다. 채꾼이 소를 모는 조형물이 새로운 느낌으로 다가온다.

 송사가 일어나 다툼이 생길 때 다시 한 번 생각하고 돌아가라는 교훈을 주는 바위, 송정암을 지난다. "간다지 못간다지 얼마나 울었나

송정암 나루터가 한강수가 되었네."라는 아리랑 가사가 생긴 것으로 보아 이곳 역시 한 많은 이별의 모랭이가 아닌가 싶다. 이 바위를 지나면 정선 모습이 모랭이 뒤로 사라진다.

우연히 산림 작업 현장에 나가던 진수학 군청 노조지부장님을 만났다. 진수학 노조지부장님은 우리에게 박카스를 하나씩 건네주며 힘내라고 외쳐주신다. 같이 가자는 우리의 말에 같이 가고 싶은 생각은 굴뚝같지만 다음 기회에 함께하겠다고 대답하시고는 지나가신다.

길을 재촉하여 오리장, 왕바우서리의 정선 역암, 이성대와 관음동, 짐포리에 이른다. 이제부터는 더 이상 정선이 보이지 않는다. 자꾸만 뒤돌아보는 폼이 모두 어릴 적 서울에 처음 갈 때 느꼈던 싱숭

생숭한 그 마음과도 같았다. 세대(누리대)에 이르러서는 두 갈래 길이 나오는데, 왼쪽은 제방길이고 오른쪽은 마을길이다. 두 길 모두 용탄으로 연결된다.

마을길로 접어들면 잠시 후에 또 다시 두 갈래 길이 나오는데, 오른쪽은 마을 회관을 거쳐서 생탄과 동곡으로 가는 길이다. 여기서 우리는 왼쪽의 마을 중심부를 지나가는 길을 택하여 세대 아래쪽에서 제방길과 만나 강을 따라서 내려간다. 여기부터는 정선 쪽 골 안이 더 이상 보이지 않고 가리왕산 검은 자락 아래로 멀리서 용탄과 회동이 서서히 비치기 시작한다.

이곳에서 벽탄에 이르는 길을 총쇄록에서는 다음과 같이 기록하고 있다. "한 가닥 가는 길이 위에서 매달리듯 벼랑이 내리 누르고 아래

에서는 강이 사납게 격동하여 잔도(棧道)와 돌길이 타기도 걷기도 어렵다."

비룡동 입구의 안말, 돌꼬지를 지나 드디어 벽탄에 이르렀다. 지금은 모두 용탄리라 부르는 곳이다.

비룡동의 용(龍) 자와 벽탄의 탄(灘) 자를 취하여 용탄이 된 것이다. 일제시대를 거쳐서 급격하게 바뀐 지명들이 대부분 이런 식이다. 언뜻 보기에는 대표적인 두 마을을 두고 간단하게 한 글자씩 따서 합리적으로 개명한 것처럼 보이지만, 그 이면을 살펴보면 마을의 정체성보다는 다른 무언가를 강조하기 위한 수단이 아니었을까 생각하게 된다. 결국 이 방식은 100년이 지난 지금에도 영향을 미쳐서 대부분의 지명이 어디서부터 왔는지에 관한 유래를 혼동시키고 우리나라 본래의 자연스러운 지명을 사라지게 하는 결과를 낳았다.

그냥 벽탄리로 쓰면 되는데 용탄 몇 리 등 이런 식으로 불리고 벽탄이라는 고유한 지명은 거의 사라진 경우이다. 용탄1리, 2리, 1반, 2반, 3반 등의 예에서 보듯이 전국의 모든 지명에 숫자가 적용되어 복잡하게 뒤바뀌어버린 셈이다. 특히 이 방식은 도로명 새주소를 부여할 때도 똑같이 1길, 2길, 3길 하면서 잘못된 방식으로 적용되기 때문에 또 다른 혼동을 일으키기도 한다.

100년 전 총쇄록에는 작은 모퉁이에라도 우리나라 고유의 이름이 들어 있었는데, 이것은 한글과 한문의 뜻이 일맥상통하는 지명이다. 오늘날에도 이렇게 고유한 지명을 되살린다면 일제가 부여한 리와

반으로 매겨진 방식에서 자연스러운 지명으로 대체하는 것이 가능한 일이라 여겨진다. 서울까지 이르는 여정 내내 이렇게 지명을 혼동하는 사례는 끊임없이 반복되기 때문에 서두에 미리 언급하여 지명의 유래에 대한 이해를 돕고자 한다.

  이곳은 옛 벽탄역이 있던 곳으로, 성마령을 넘으려면 여기에서 왼쪽인 행마동으로 가야 한다. 미탄을 지나 영월이나 평창을 거쳐서 나가는 길이다.

  당시 여덟 번에 걸쳐 서울에 드나드는 길 중에서 하나는 성마령을 넘어 평창, 주천, 원주 등으로 나갔던 고갯길이다. 벽파령보다 조금 낮은 작은 고개라는 말에 혹하여 성마령을 한겨울에 넘다가 제대로 고생하면서 벽파령 만큼이나 험한 고개라고 여겼다는 대목에 나온다.

  옛 벽탄역 자리에서 말을 키우던 일을 기억하시는 할머니들 몇 분을 만나서 한층 더 기분이 좋아졌다. 평생을 그곳에 사셨다는 우리 할머니 같은 이분들, 아리랑은 당연히 부르시고도 남을 것이다. 안말에 있던 절터에서 옮겨다 놓았다는 삼층 석탑의 근처가 바로 벽탄역의 터가 아닐까 싶다.

  벽탄초교를 지나면 마을 안길이 끝나는 곳에서 지방도 424호 큰길과 다시 만난다. 몇 해 전 생열귀(Rose Hip)라는 술 제조를 위해 만들어졌던 생열귀 영농조합법인의 공장 건물이 낡은 상태로 남아 있어서 마음이 심히 안 좋다. 조금 더 지나면 월평이라 부르는 다래둔지 밑에 동료 직원 김정서의 아버지가 살고 계시는 집이 있다. 이 집을 오른쪽에 두고 월평다리를 건넌다. 가리왕산을 계속 바라보면서 회동마을을 끼고 흐르는 용탄천을 거슬러 올라가면 가리왕산 휴양림 입구에 도착한다.

얼음굴에서 강력한 냉기를 뿜어내니 주변이 시원하기 이를 데 없다. 덕분에 한여름인데도 더위를 잊게 됐다. 그것은 바로 계곡물이 땅속으로 유입되어 형성되는 석회암 지대에서 나타나는 현상이다. 물이 땅속으로 숨다 보니 개울이 얼음굴 앞에서부터 마르는 현상이 발생한다. 몇 년 전에 그곳부터 하천 바닥에 시멘트로 공사를 하였고 하류로 내려오면서 진흙으로 공사를 해서 지금은 물이 솔밭 앞까지 내려온다. 솔밭은 마을에서 자연 캠핑장을 운영하고 있기 때문에 여름에는 수많은 사람들로 붐빈다.

오늘은 계획대로 회동에서 하룻밤을 묵기로 한다. 회동(檜洞)리는 예전에 쓰던 고유한 지명이다. 전나무 등의 원시림 같은 나무들이 많다는 데에서 유래해 전나무 회(檜) 자를 썼다고 한다. 한편, 지질학적인 특성상 흰색 돌인 횟돌(뺏돌)이 이곳에 분포하고 있어 횟골이라 부르던 지명이 회동이 되지 않았나 싶다. 산 너머 미탄에도 회동리가 있는데, 그곳은 횟골이 변한 지명이라 한다. 한때는 석탄광이 열려 채굴이 활발하게 이루어졌는데, 안타깝게도 1980년대 말에 폐광되어 결국은 농업에 종사하는 마을로 돌아갔다. 옛날에 벽파령길을 관로로 관리할 때, 이 마을 주민들이 고갯길을 관리하도록 하여 관아에서 잡역을 면하게 하였다고 한다.

　이곳까지 오는 길은 정선을 가장 정선답게 보여주는 길이다. 직접 걸어보지 않고는 느낄 수 없는 너무나 다정하고 평온한 길이 바로 가리왕산으로 가는 길이다. 물, 산, 마을, 논밭 등이 읍내에서 이곳까지 고루고루 지루하지 않을 만큼 혼재되어 있다. 사람들이 일은 하되 바쁘지 않고 그늘에서 쉬되 피곤하지 않고 낚시를 하고 골뱅이를 줍되 서두르지 않는 모습이 보인다. 낯선 사람을 보면 개들도 한두 번 인사처럼 짖기만 할 뿐이다.

　물을 따라 길을 내려와서인지 힘들지 않다. 관음대 양안 협곡의 절경이 가히 장관(壯觀)이나 높이가 적당한 수준이라서 크게 위험하지는 않다. 읍내의 진산(鎭山)인 비봉산을 관통하는 터널과 다리를 만드는 공사가 가마득히 높은 허공에서 진행 중인데, 보는 내가 아찔

하기도 하면서도 관음대 벼랑을 가려서 아쉽기도 하다. 특별히 높은 고개가 하나 나오는 법 없이 돌꼬지처럼 숨바꼭질하는 것 같은 이별 모랭이의 연속이라 지루할 새가 없다.

굳이 서울까지 못 가고 여기까지만 오더라도 걷거나 두발자전거를 타기에 괜찮은 코스이다. 부산에서 올라와 터를 잡은 얼음굴 아래 첫 번째 집인 가리왕산 수양황토 민박집이 오늘의 숙소이다. 이곳을 운영하는 주인아주머니는 경상도의 상냥함이 배어 있는 어투를 써서 한층 더 정감이 넘치는 느낌을 준다.

저녁은 근처 식당에 주문하여 배달을 시켜 먹는다. 차를 돌려보냈으니 지금은 움직이지 못한다. 민박주인 내외가 식당에 가서 음식을

싣고 온다. 민박주인 내외는 토종 닭백숙과 자신들이 직접 담근 술 한 병을 꺼낸다. 김이 모락모락 나는 뜨거운 백숙을 한여름 더위도 잊은 채 허겁지겁 먹었다. 술 한잔으로 마무리를 하면서 우리들의 피로는 말끔하게 풀린다.

우리는 왜 정선부터 서울까지 걸어서 가자고 했을까? 다른 사람들이 다들 이상하고 황당하게 생각하는 것은 어찌 보면 당연하지 않을까? 지금 살아계시는 분들 중에서 과연 서울길을 걸어서 다녀오신 분이 있을까? 어른들은 왜 벽파령을 벌패재, 벨패재, 벌판재 등 각기 다르게 부를까? 벽파령 정상에 서면 그 이유를 알 수 있을까? 올해로 구십이 되신 떼를 탔던 분은 서울에 떼가 당도하여 돌아올 때 뱃길과 찻길로 충주까지 와서 백운·제천·영월·미탄 등을 거쳐 정

선까지 걸어오셨다고 한다. 그럼 도대체 누가 서울까지 걸어서 가셨을까? 아마 정선에 신작로가 나고부터는 아무도 그 길을 걸어서 가지는 않았을 것이다.

이제 모두에게 잊힌 서울길을 지금 우리가 걸어가고 있다. 모두가 걱정스럽게 쳐다보면서 무모하다고 여기는 것은 어쩌면 당연한 것이다. 오늘 이렇게 첫걸음을 나섰으니 어떡해서라도 끝까지 가보자. 설령 사람에 대한 일고의 배려도 없는 거대한 찻길이 우리를 가로막고 있다고 할지라도 말이다. 옛날에는 길이 따로 없어서 지형이 험했기 때문에 아리랑이라도 불러야 넘을 수 있었던 곳이다. 지금은 아마도 큰길 위에서 작은 발자국 하나 간신히 옮길 수 있는 좁은 길을 묻게 될 것 같다. 처음 나선 서울길, 아리랑 길, 아리랑 로드에서부터 차들이 무섭게 쌩쌩 너무 빠르게 달린다는 것을 벌써 느끼고 있다. 아마도 우리 모두가 저런 모습이었을 것이다. 천천히 가자. 내일 아침은 이틀째 떠나는 길이다. 우리는 아침 일곱 시에 회동에서 출발하여 벽파령을 넘을 것이다. 위험한 구간이지만 가리왕산 천지신명께서 우리를 호위해 주시리라. 자신들이 가진 발바닥 하나만을 믿고서 이 모험에 뛰어든 친구들과 서로를 의지하며 힘차게 나아가자!

가다가 지치고 힘들 때면 "정선 읍내 일백 오십호 몽땅 잠들여 놓고 임호장내 맏며느리 데리고 성마령을 넘자."는 정선아리랑 가사라도 생각해서 힘을 내자. 인생의 불가능한 바람을 핑계 삼아 대처(大處)로 나가던 옛 사람들처럼 힘차게 벽파령을 넘자. (정선총쇄록에 당시 정선 읍내 인구를 일백 오십호라고 기록한 것을 보면 이 시기 전에 이미 이 가사가 있었던 것으로 추측된다.)

내일을 위해서라도 오늘은 일단 잠자리에 들어야 한다. 힘겹게 가마를 메고 아라리를 부르며 재를 넘던 가마꾼과 오횡묵 군수를 꿈에서 얼른 만나 보아야 한다. 내일 아침은 간단하게 컵라면으로 해결하고 오전 간식은 초콜릿과 과자, 점심은 평창 땅 하안미리 가평마을에서 먹기로 결정하였다. 뭔가 허전한 느낌을 지울 수가 없지만 첫날의 여정을 비교적 수월하게 마쳐서인지 모두들 편안한 마음으로 잠자리에 든다.

이제 밤 열한 시, 그래도 첫날이라 봐주는지 매일 내리는 소나기가 안 내려서 감사한 마음으로 잠이 든다.

🟢 2014. 6. 20. 07:00 둘째날

시끄러운 소리에 눈을 뜨니 날이 이미 밝아 버렸다. 몹시 피곤한 상태여서 좀 더 눈을 붙일까 하면서 시계를 보니 벌써 다섯 시가 넘었다. 너무 일어나기 싫어서 애써 귀를 막아 보지만 이러다간 안 되겠다 싶어 겨우 몸을 일으켜 나가 보니 뜻밖의 손님들이 와 계신다. 머나먼 길을 떠나는 우리 답사팀과 정말 함께하고 싶은 마음은 간절하지만, 현실이 허락하지 않아 그 마음을 도시락에 담아 온 분들이다. 관광 가이드 선생님들을 대표해 박숙진, 이희주 두 분이 격려차 오신 것이다. 뜻밖의 응원에 가슴이 뭉클해진다. 그렇게 우리의 둘째 날이 시작됐다.

우리가 벽파령이라는 제일 험난한 무인지경(無人之境)의 고개를 넘으려고 하면서 까맣게 잊고 있던 것이 있었다. 너무나 중요한데

미처 기억하지 못하고 준비하지 못한 그 허전한 것. 바로 아침과 점심이다. 다른 곳은 직접 차로 답사도 하고 거리를 계산해서 어느 정도 커버가 되었지만 가장 큰 고비인 벽파령 구간 옛길은 아무도 실제로 답사를 하지 않은 상태였다. 아차! 하지만 우리에게는 도시락이 있었다. 큰 산을 너무나 쉽게 생각한 실수를 그분들이 살려 주는구나 싶었다. 새벽 내내 그분들이 정성스럽게 싸 주신 도시락으로 우리는 위기를 극복할 수 있었다. 상황과 그분들의 정성이 더해져서 도시락이 더 꿀맛 같았다. 그냥 출발했으면 중간에 식량이 떨어지는 비상사태에 빠질 수 있었던 우리에게 이렇게 큰 선물을 주셔서 너무나 감사할 따름이다.

아침을 먹고 마음을 단단히 무장하여 회동을 출발한다. 가리왕산 휴양림 매표소에서 입장권을 끊는다. 혹시라도 나타날 뱀에 대비하여 지팡이도 짚으면서 걷는다. 행여나 뱀에게 물리기라도 하는 날엔

계획이 수포로 돌아간다. 웅장하게 나타나는 회동계곡에 안개가 끼어 청량한 기운이 가득하다. 거기에 햇살까지 비추니 이곳이 바로 신선의 세계가 아니던가! 한 폭의 산수화를 감상하며 우리는 그동안 지쳤던 마음을 회복할 수 있었다.

가리왕산 휴양림은 임도가 잘 가꾸어져 있어 걷기뿐만 아니라 자전거를 타기에도 좋은 곳이다. 휴양림 주차장과 야영장, 휴양관 등을 지나서 계속 임도를 따라 무인지경(無人之境)으로 들어간다. 걷는 내내 소(沼)와 폭포가 이어지는 계곡이 우리를 반기라도 하는 듯 상쾌한 느낌을 준다.

 직소(直沼)라는 곳은 아랫마을의 상수원 수원지로서 보호하고 관리하고 있다는 표지판이 있다. 상류에 철망이 쳐져 있어 들어가서는 안 된다. 가뭄이 들 때 이곳에서 기우제를 지냈다는 표지가 붙어 있는 것으로 보아 이곳이 반암(半巖)으로 기록된 곳이 아닐까 싶다. 소(沼) 바로 아래의 넓적한 바위를 보면 그렇게 생각이 든다.

 더욱 산세가 가파르게 변해가면서 조금씩 긴장이 된다. 그렇게 가다 보니 임도와 마항(馬項)마을로 나뉘는 갈림길이 나온다. 임도를 따라 계속 올라가도 갈림길에 있는 벽파령 이정표가 있는 곳에서 다시 만날 수 있다. 이 길을 택하면 많이 돌아가는 것이나 기록상의 관로(官路)이기 때문에 옛길을 택하기로 하였다. 갈림길에서 오른쪽 말목(마항)길을 택하여 작은 잠수교를 지나면 사람 살던 터에 벌을

치는 곳이 나온다. 그곳 주변이 온통 수리딸이 지천이다. 사람들의 왕래가 없으니 따먹는 이가 없어 그냥 익어서 떨어진다. 일행들과 한 줌씩 따서 먹으며 말목으로 들어간다. 사방댐을 지나 작은 농원으로 가는 길이 마치 속세를 벗어나 선계로 들어가는 것처럼 심히 고요하고 적막하다.

숲을 거닐다 보면 한줄기 햇살이 아름답게 비춘다. 드문드문 퍼져 우리를 유혹하는 수리딸에 한눈을 팔며 걷다 보니 조금 넓은 터가 나왔는데, 이곳에는 폐교된 마항분교가 있다. 창틀은 떨어지고 지붕도 헤어져서 초라하기 짝이 없는데도 전체적인 외양은 그럴듯한 모습이다. 운동장 둘레에 전나무 몇 그루와 돌담들이 흔적을 유지하고

있다. 그래도 십여 년 전에는
이곳에 염소 등 가축을 방목하
던 분들이 있어서 마을다운 느
낌이 났었는데, 지금은 다 내
려가고 없어 삭막하다. 두 칸
교실에서 들려오는 듯한 학생

들의 활기찬 웃음소리, 건물 벽면에 올라와 일제히 부화하며 번식하
고 있는 벌레들 그리고 떠나갈 듯이 울어대는 매미 소리 등을 뒤로하
고 길을 재촉한다.

  학교 건물을 지나면 왼쪽으로 계곡과 연결되는 갈림길이 나온다.
이 왼쪽 계곡을 타고 오르는 길이 벽파령을 넘는 길이고 오른쪽 임도
길로 조금 더 가면 몇 채의 집들이 있는 마항마을이다. 지금도 실제
로 거주하면서 농사짓는 사람들이 있다. 새로 지은 농가 한 채, 멀리
서 들어와 사는 옛 독가촌 건물 두 채 벽파령 입구의 별장 한 채, 농
사철에만 사용하는 농막 두 채, 그리고 빈집 한 채 정도가 있다.
  독가촌에 사는 아저씨는 몇 년 전에 만났을 때 그곳에서 자전거를
타고 회동마을을 오르내린다는 얘기를 들었고 그 후에 한 번 정도 만
났으나 근래에는 보지 못했다. 말목학교를 지나 왼편으로 난 길로 접
어들어 나타나는 큰 계곡 건너편에는 별장이 하나 있다. 밧줄이 가로
질러 매어져 있는데, 이곳에 가기 위해 사람들이 이용하는 것이다.

별장에서부터 시작되는 벽파령길. 인터넷상의 지도를 검색하면 벌패골로 나오기도 하고 주민들은 별패재, 벨패제, 번판재라고 부르기도 하는 곳이다. 계곡을 쳐다보며 오른쪽 사면의 벽파령 옛길을 찾는다. 옛 관로(官路)는 신작로와 철길이 들어오면서 오륙십 년간 버려져 있는 길이다. 그 흔한 산악회 리본 하나 안 걸려 있을 정도니 사실상 생길이나 마찬가지다.

하지만 역시 사람의 힘은 위대하다! 회동 사람들이 관리했던 길의 흔적이 가마를 메거나 말이 다닐 수 있는 넓은 길 곳곳에 남아 있다. 풀과 잡목, 약간의 사태 난 곳을 손보면 걸어서 넘는 데는 큰 무리는 없다. 다만 총쇄록에 "천 길 낭떠러지가 연속이고 바위와 숲은 아찔하기 짝이 없다."고 기록된 것처럼 가파르고 험한 곳도 있다.

이곳은 길 안내자의 역할이 매우 중요한 곳이다. 앞서 말했듯이 산세가 가파르고 위험한 곳이 투성이기 때문이다. 그렇기에 이곳을 다니면서 우리에겐 긴장감이 맴돌았다. 게다가 초행길이어서인지 고증과 안내자가 당황하는 일이 발생했다. 별장 뒤에 이르러 길을 시작하는 곳에서부터 옛길을 찾지 못해 헤매다가 처음 접어든 돌담 흔적이 잠시 후에 끊겨 버렸다. 아마도 별장에 사시는 분들이 물을 대느라 근래에 손본 길을 우리가 잘못 짚었던 것 같다. 큰길이든 산길이든 지도와 현장에 따라 정확하게 찾아서 시간 낭비 없이 움직일 수 있도록 하는 것이 길 안내의 역할인데, 이날 벽파령 입구에서부터 등줄기에서부터 식은땀이 날 정도로 당황스러운 일이 생긴 것이다.

초입의 별장 뒤부터 당연히 흔적이 있으리라 여겼던 관로의 흔적

은 전혀 보이지 않았다. 두려웠다. 위험이 도처에 깔린 곳에서 길을 잃다니. 샛길을 뚫고 나무를 잡고 매달리면서 간신히 앞으로 나아간다. 머릿속이 복잡해지고 괜스레 마음만 급해져서 모두들 허둥대기 시작했다. 하지만 서로 앞서거니 뒤서거니 하면서 몇 걸음 안에 대원들과 함께 옛길의 흔적을 찾았기에 금세 혼란스러운 마음이 진정되어 안도의 한숨을 내쉰다.

우리가 왜 그렇게 허둥댔는가 보니, 계곡물 바로 옆이 아닌 조금 더 높은 곳에 길의 흔적선이 뚜렷이 나 있었던 것이다. 여기에서 길 안내대원이 아리랑 로드 깃발을 배낭에 꽂고 다니던 것을 그만 잃어버리고 말았다. 아마도 어느 넝쿨이 걸어 당겨 움켜쥐고 있을 것이다. 다시 넘을 때에는 깃발을 흔적으로 삼아 찾을 수 있을지도 모를 일이다.

가장 험난한 고비인 벽파령은 역시나 그 길을 쉽게 내주지 않았다. 우리는 처음으로 두려움을 느꼈고 집에 돌아가고 싶다는 생각을 했다. 하지만 여기까지 왔기에 포기할 수 없었다. 우리에게는 목표가 있었고 함께하는 동료들이 있었기에 힘을 내서 다시 걸었다. 길을 찾느라 몹시 혼란스러워 흐르는 진땀을 식히기 위해 잠시 쉬면서 숨을 고른다. 계곡 건너편에는 숲 가꾸기의 일환으로 간벌(間伐) 흔적이 있지만 길이 있는 쪽은 손댄 흔적 없이 거의 그대로였다. 잣나무 아래에 있는 잣송이는 청설모가 떨어뜨려놓고 잊어버렸는지 여기저

기에 퍼져 있다. 더덕도 길옆에 있는 것으로 보아 약초꾼도 잘 안 다니는 길인 모양이다. 그야말로 생길을 우리는 개척하면서 나아가는 것이다.

숨을 고른 후 다시 일어서서 길을 재촉하자 사람의 손이 닿은 흔적이 보인다. 절벽의 바위를 쪼아서 길을 낸 흔적과 돌을 쌓아서 낸 흔적 등이 그것이다. 오랫동안 관리되지 않았기 때문에 사태(沙汰)와 물길로 인해 많이 변형된 곳도 있다. 지금은 어미 멧돼지가 새끼들을 데리고 다니며 주인 역할을 하고 있었다. 수없이 많은 배설물 흔적들이 널려 있다. 어미 멧돼지와 새끼 돼지들이 한 무리로 몰려다니는 것 같다.

정선아리랑 가사 중에 "평창 팔십 리 다 못 가구서 왜 되돌아왔나."라는 구절이 왜 생길만 했는지 벽파령을 넘으면서 절실히 깨달았다. 읍내를 떠나 서너 시간은 족히 걸어 회동까지는 왔지만 혼자

서 벽파령을 넘기에는 무리였던 것이다. 너무나 무섭고 힘들어서 결국엔 벽파령을 못 넘고 뒤돌아서는 정선 남자의 심정은 매우 복잡했을 것이다. 하지만 어찌됐든 간에 돌아가서 살아야 했던 곳이 정선이다. 안으로 들어오기도 힘들고 밖으로 나가기도 힘드니 이런 불상사도 없었을 것이다. 한편 박지원의 양반전에 나오는 '정선 양반'처럼 사회적 모순도 더 심했을 듯하다.

약수(藥水)와 약천(藥泉)으로 기록되었던 곳을 찾으려 했으나 오르는 내내 들려오던 계곡물 소리가 끝나면서 물도 함께 끊어져 버려 결국 찾지 못해 아쉬운 마음을 달랠 길이 없다. 진짜 약수가 나오는 곳인지는 언제고 다시 와서 찾아야 할 것 같다. 기록에 "이 물을 마시면 배고픔과 목마름이 가시고 천촉증(喘促症)이 개이며 눈이 밝아지고 다리가 튼튼해진다."고 하였다.

약수를 확인하지 못한 커다란 아쉬움을 뒤로하고 다시 길을 재촉하여 헤어졌던 임도와 다시 만나면 그곳에 벽파령이라는 이정표가 있다. 이곳은 삼거리인데, 하나는 회동 휴양림 매표소에서 올라왔던 그 임도이다. 왼쪽은 행매동 쪽으로 가고 오른쪽은 마항치 삼거리로 가서 가리왕산 상봉, 중봉, 하봉, 회동 방면으로 순환하는 임도이다. 여기서 왼쪽으로 방향을 잡고 바로 길 오른쪽 사면 위를 올려다 보면 언덕 위에 벽파령 옛길이 있다.

이정표가 있는 곳부터 10분 이내의 거리가 바로 벽파령 정상이다. 힘겹게 서울로 통하던 정선 사람들의 한(恨)을 대변해주는 땀과 눈물, 애환이 서린 정선과 평창의 경계. 벽파령을 정선 주민들은 벌패재, 벨패재, 벌판재라고 부른다. 그런데 왜 벽파령(碧波嶺)이라 불렀을까? 지역의 배선기 전 문화원장님은 일설에 병폐령(兵敗嶺), 즉 이 재를 넘는 병사는 반드시 패한다는 뜻으로 적에게 침략당하지 않는 안전한 고개의 의미를 가진 것 같다는 말씀을 하신 바 있다. 직접 체험해 보니 그 말을 생생하게 실감할 수 있었다.

지형을 살펴보면 정선 쪽은 급경사에 절벽, 바위 서덜이 있어 매우 험하다. 대동여지도에서 이곳을 극험(極險)이라 표시하고 있으니, 그 험한 정도가 얼마나 심한지 짐작할 수 있지 않은가. 평창 쪽의 지형은 완만한 구릉과 육산(肉山)이어서 별로 가파르다고 느끼지 못한다. 그곳의 지명을 갈번지(葛翻地)라 하는데, 산 위의 평지라는 뜻으로 완만함을 보여주는 증거라고 하겠다. 하지만 이 고갯마루는 어떤가? 사람이 살았던 흔적이 있는 것으로 보아 역시 산 위의 평지답다. 이 정도 버덩이면 정선의 새비재, 발구덕, 백전, 단임, 벗밭, 여타 고갯마루와 골짜기 등의 개간 농지에 비해 조건이 훨씬 더 좋은 곳이라 여겨진다. 주민들이 왜 벌패재, 벨패재, 벌판재라 부르는지 알 만한 지형이다.

　산 위의 벌판이다. 오횡묵 군수의 시구처럼 구름과 가지런히 이어진 산 능선을 푸른 파도에 비유하여 벽파령(碧波嶺)이라는 한자로 기록하지 않았나 하는 생각이 든다. 극심할 정도로 험한 벽파령에 막혀서 평창 팔십 리에 한 발짝도 발을 딛지 못하고 있다. 영마루에서 돌무더기 솟대 흔적이나 고목나무 성황당 흔적 등 아무런 표시도 찾지 못했다. 숲도 울창하게 우거졌지만 머나먼 서울까지 갈 생각에

잠시 두리번거리며 아리랑 로드 헝겊 하나를 나뭇가지에 매달고 기념사진을 찍는다.

　주변에 헬기장 잔해와 깨진 단지 등 간단한 집터 같은 것이 보였기에 확실히 사람의 흔적은 남아 있었다. 왠지 버려진 곳 같다는 생각이 들어 안쓰럽기도 했고 너무 고생했던 탓인지 정도 많이 든 것 같았다. 이렇게 이곳을 두고 떠나는 것이 몹시 아쉬운 마음이 들지만, 가을에 낙엽이 지면 꼭 다시 찾아올 것을 다짐하며 평창 땅 대화면 하안미리에 들어선다.
　가마가 다닐 정도의 길이 뚜렷하게 나 있다. 산 위의 평지처럼 완만하다 해도 산길은 산길이다. 곧바로 앞으로 나아가지 못하고 갈지(之)자를 그리면서 내려간다. 영마루에서 찾지 못한 돌무더기 흔

적이라도 찾을 수 있을까 두리번거려도 보고 길의 흔적을 찾으려고 분주한 마음에 바쁘게 움직이지만 아무런 소득 없이 그저 걸음만 바쁠 뿐이다. 오랫동안 사람의 흔적이 없이 방치된 길이지만 간혹 등산객들이 지나다닌 탓에 비교적 길이 잘 보인다. 우리보다 앞서 길을 터준 등산객들에게 감사한 마음이 든다. 좀 더 내려가니 숲 가꾸기 흔적의 일환으로 길 위에 나무들이 누워 있다.

이리저리 피하는 사이 등산객들이 막 다닌 길들 때문에 어느 길이 옛길인지 헷갈리기 시작한다. 그들도 우리처럼 방황했을 것이다. 한편으로 동질감이 들기도 하면서 슬쩍 웃음이 나온다. 이제 어느 길이 맞는지 알 수가 없다. 계속 샛길에 현혹되다가 결국 원래 가기로 했던 옛길을 잃어버리고 말았다. 다시 올라가서 옛길을 찾는 것은 무리인 것 같다. 옛길로 계속 흔적을 찾아야만 돌무더기나 솟대 흔적이라도 하나 찾을 수 있을 텐데. 아쉬움이 남지만 목표 지점은 잠시 후에 만나게 될 임도였기에 그냥 내려간다. 안내고증대원이 큰 실수를 범한 것 같다.

기록에 있는 복허거리는 찾을 수 있을까 걱정이다. 복허거리(卜墟巨里)는 우리말로 짐터거리나 쉼터거리라 하여 주막이나 솟대, 성황당이나 오리나무 등의 표시가 있을 것 같은 곳이다. 등산객들이 직선으로 다니면서 생겨난 길을 따라서 내려가니 하안미리 쪽에서 올라온 임도와 만난다. 도로명주소상 가평길인데, 임도이면서 지방도 424호 노선으로 설정되어 벽파령 정상으로 연결되는 길이지만 아직까지 개통되지 않고 남아 있는 유일한 길로 알고 있는 곳이다.

　지도상에서 확인하였던 그 임도는 굽이진 곳이었다. 옛길을 잃어버린 아쉬움과 동시에 벽파령을 무사히 넘어 큰길로 나왔다는 안도감이 교차한다. 갖은 고생을 하면서 제대로 휴식을 취하지도 못하고 촉박한 시간에 쫓기듯이 급하게 넘은 벽파령이었기에 모두들 빨갛게 달아오른 표정을 하고 있다. 시간은 벌써 열두 시 반이다.

　임도 옆의 그늘에서 아침에 받은 도시락으로 점심을 먹기 시작한다. 컵라면도 끓이고 피로 회복을 위해 술도 함께 꺼내서 한두 잔씩 마신다. "금강산도 식후경"이라는 말이 실감나는 순간이다. 컵라면에 도시락이지만 모두들 어느 진미 못지않게 맛있게 먹었다. 오늘은 이 도시락이 아니었으면 아마도 모두가 허기져서 탈진하여 목표지점까지 걷지 못했을 수도 있었다는 끔찍한 생각이 든다. 험난한 벽파령에서 쓰러질 뻔한 우리를 구해주신 선생님들께 거듭 무한한 감사

의 마음을 전하고 싶다.

먼저 벽파령을 무사히 넘을 수 있었던 것에 감사하다. 동행한 대원들이 모두 정선의 산골 출신이고 산전수전 다 겪은 산사람들이었기에 가능했던 것 같다. 지치지 않고 잘 따라와 준 동료들에게 감사한다. 특히 기록홍보를 맡은 조성윤 대원은 개인 짐 외에 별도로 카메라와 GPS 기기, 태블릿 PC까지 혼자 짊어지고 넘느라 더욱 힘들었을 것이다. 그럼에도 힘든 기색 없이 불평불만하지 않고 묵묵히 따라와 줘 대견스럽고 고맙다. 아직도 갈 길이 멀지만 근처에 옛길 흔적이 있는지 혹시나 하는 마음에 아래위를 다시 한 번 둘러보았다. 모처럼의 인기척을 느낀 어느 잘생긴 밀뱀 한 마리가 길 앞을 지나 돌서덕으로 들어간다. 근처에 옛길은 없음을 확인하고 가평길의 임

도를 따라 내려간다. 길옆으로는 역시나 회동계곡 말목처럼 지천에 널린 수리딸 군락이다. 사람이 없으니 그야말로 새들과 개미들 천지이다.

잠시 뒤 펜션 몽골파크 이정표를 지나 기록에 나오는 갈번지교를 지난다. 이곳부터는 승용차로 올라와 사전답사를 한 구간이다. 이제야 긴장이 좀 풀리면서 안심이 된다. 연이어 잘 단장된 펜션단지 맨 윗집을 만난다. 그곳에서 몽골파크를 운영하는 사장님을 만난다. 이 집을 포함해 두 곳을 운영하는데 상당히 여유로워 보이는 말투와 기품을 지니고 있다. 이곳에 온 지 여러 해 되었는지 다양한 분야에 대해서 꽤나 많은 것을 말씀해주신다.

늘 언제고 한번 와 보고 싶은 펜션이다 싶었는데 벽파령 주막터가 바로 몽골파크 자리라고 한다. 토박이는 아니지만 주변에서 그렇게 들었다고 한다. 그래서 생각난 김에 급히 몇 가지를 물으니 이 임도는 옛길이 아니고 이 집 건너편 능선에 길이 있는데 그곳에 몽골파크 자리로 해서 옛길이 있다고 한다. 아마 주막거리가 기록에 있는 복허거리(짐터거리)일 것이다.

기록에는 서울로 가는 길에 벽파령을 넘어와 그곳에서 처음으로 가마를 타고 갔다고 한다. 군수가 부임할 때도 백성 24명이 갈번지에 와서 대기하고 있다가 복허거리까지 걷거나 가마를 타고 와서 있다가 이곳에서 모두 짐을 나누어지고 재를 넘는 모습이 나온다. 다음에는 무슨 일이 있어도 꼭 다시 이곳에 와서 옛길도 확인하고 돌무더기도 찾아보아야겠다는 생각을 한다. 옛길을 찾고자 하는 열정이 벌써부터 샘솟는다!

힘난한 벽파령의 고비를 넘는 우리가 많이 걱정스러웠는지 백호민과 곽성수가 지원 차량에 더위를 싹 가시게 해줄 시원한 얼음물을

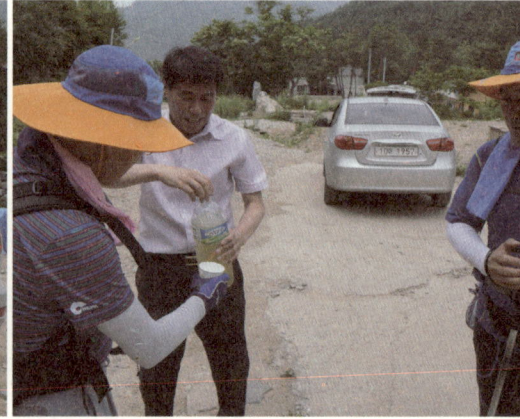

넣어서 가지고 왔다. 그 물은 회동에서 묵은 황토민박집 아주머니가 우리에게 가지고 가면서 마시라고 준 약초물이었는데 그만 깜빡 잊어버리고 왔다. 두 사람이 놓고 온 물건을 가지러 들렀다가 아주머니가 다시 챙겨준 것을 가져왔단다. 두고두고 기억에 남을 만큼 참으로 고마운 분들이다. 몽골파크 사장님과 정겹게 시원한 약초물을 한 잔씩 나누니 더운 날씨도 잊을 만큼 마음까지 상쾌해진다.

길을 재촉하여 신천교를 지난다. 아마 이 근처에서 옛길로 접어드는 산길이 있지 않을까 싶다. 길옆에는 오래된 흙벽집들이 있는데 사람이 사는 집과 빈집이 번갈아서 줄지어 있다. 슬레이트가 삭아 내리고 썩은 서까래가 앙상한 폐가나 다름없는 집들, 그중에 정선군수가 행차할 때 보았던 그 집이 있을 수도 있다. 결혼해서 살림을 차릴 때 동네 사람들이 싸리나무 외를 엮어 흙벽을 발라 지은 초가삼간 오두막집 지붕에 새나 볏집, 굴피나 너와, 돌을 올렸을 것이다.

이곳부터 밭에서 농사짓는 사람들이 조금씩 보인다. 젊은 농부들은 장비를 몰면서 땅을 갈고 부부가 하우스 안팎에서 분주하게 움직인다. 젊은 사람들이 땀 흘려 일하는 모습처럼 보기 좋은 것은 없는 것 같다. 잠시 멈춰서 흐뭇하게 그들을 바라본다. 그런데 경사진 뗴기밭에 들어서자 그냥 보기에도 매우 연로해보이시는 아버지들과 어머니들의 모습이 눈에 띈다. 주름진 검은 얼굴의 연로한 분들이 고생하시는 모습을 보니 부아가 몹시 치밀어 올라 참을 수가 없다. 왜

집 주변 뙈기밭에 이것저것 마구 심어서 거동조차 불편하신 우리 어머니들을 힘들게 할까? 젊은이들처럼 장비를 사용하여 규모 있게 단일 작목을 심고 돈 벌어서 사먹으면 될 것을. 걷는 내내 땡볕 한복판에서 풀을 뽑고 있는 어머니들만 눈에 띈다. 좋은 말로 표현해서 어머니지 실상은 칠팔십 대 상노인네들이나 다름없었다. 그런 안타까운 어머니들의 모습을 본 대원들 모두가 눈물을 몰래 훔친다. 제발 우리 어머니들 밭에 좀 안 들어갔으면 하는 간절한 소망을 품으며 길을 계속 걷는다.

가평 삼거리가 나온다. 아마도 갈번지를 가평으로 부르는 것 같다. 마을의 본동으로 내려오면서 보이는 방향인 오른쪽 계곡을 따라 오르면 마항치 사거리를 경유하여 중왕산, 가리왕산, 장전리, 숙암리 쪽으로 연결되고 평창 국유림 관리소에서 운영하는 관리 산막과 야생화 탐방로로 이어지는 마을이다. 모두 하안미리에 속한다.

왼쪽으로 경로당과 가평초교를 지나서 지방도를 따라 계속 내려간다. 제방길을 번갈아 걸으니 거사전이라 기록된 게이트볼장을 지난다. 소하천길을 계속 내려오면 사축거리에 해당되는 곳에 대화면에서 만든 동천공원을 만난다. 이곳을 지나면 조선시대의 관동대로라고 일컬어지는 평해로가 대화면 소재지를 거쳐 장평, 진부, 대관령, 강릉으로 이어진다고 하였다. 정선으로 가는 사람들은 누구나 이곳까지 오면서 험준한 벽파령을 넘어야 했다. 대화면 소재지에서는 땀띠물을 중심으로 여름철 평창 더위사냥 축제를 개최한다. 오늘따라 날씨가 더 무덥게 느껴진다. 온몸이 땀에 흠뻑 젖은지는 이미 오래다. 더 이상 걸었다가는 위험할 것 같아 공원에서 잠시 쉬어가기로 한다. 땡볕에서 걷다 보니 힘들긴 해도 가파른 산속의 그늘이 금방 그리워진다. 가장 큰 고비인 벽파령만 넘으면 된다고 생각했는데, 햇살을 막아 줄 가로수 하나 없는 국도변도 만만치 않다. 역시 쉬운 여정은 아니라는 생각이 든다.

　여기서부터 왼쪽의 국도 31호선을 타고 위험하기 짝이 없는 갓길을 걸어서 거기매운탕 간판의 식당까지 간다. 처음 국도를 걷는 터라 어떤 방법이 교통에 방해되지 않으면서 우리가 가장 안전하게 걸을 수 있도록 하게 해 주는지 알아보기 위해 차량으로 일행의 뒤를 막으면서 따라오게 해 보았다. 그런데 그렇게 하면 교통 체증이 생겨서 도리어 모두에게 위험한 사고를 초래할 수 있다는 생각이 들었다. 무언가 다른 방안을 생각해 보아야만 했다. 국도의 목적은 차량별로 정해진 경제속도로 목적지에 안전하게 도달하는 것이다. 사람과 우마차, 자전거, 경운기, 트랙터 등 모든 것들이 자동차와 함께 이용하는 도로이다.

　현지 주민들이 안전하게 걸어 다닐 수 있는 보행자 도로나 갓길을 설치할 수는 없는 것일까? 안전 펜스를 좀 더 안으로 들이고 그 바깥에 안전 보행로를 한 쪽만 설치하면 참 좋을 것 같은데 말이다. 그러면 '국도변의 현지 주민들이 당할 수 있는 사고를 예방할 수 있어 더욱 안전할 텐데!'라는 생각을 하면서 걷는다. 이것은 도시 구간을 제

외한 우리나라 모든 농촌에서 이루어져야 하는 필수적인 과제가 아닐까 싶다.

거기매운탕 앞쪽의 국도에서 갈라지는 제방길이 시작된다. 이름을 이효석 100리 길이라고 붙여 놓아 소설『메밀꽃 필 무렵』에 등장하는 봉평까지 연결되는 길임을 짐작케 한다. 이정표에 붙여놓은 아기자기하게 꾸며진 글씨체가 더욱 친근한 느낌을 준다. 한적한 제방에 평창강을 따라 걸으니 어제 정선 조양강을 따라 내려오던 생각이 난다. 다 자라지 않은 벚나무의 작은 그늘이라도 땡볕에서 고생하며 걸어온 우리들에게 아주 훌륭한 휴식처가 된다. 일정을 시작한지 겨우 둘째 날인데 벌써부터 아주 사소한 것에도 감사하고 즐거워하게 된다.

석양에 지면서 물고기가 뛰어 노는 강물의 풍경이 보인다. 백로는 저녁 준비에 몰입하고 있고 동작이 빠른 왜가리는 둥지로 돌아갈 채비를 한다. 그들처럼 우리도 저녁을 맞을 준비를 한다. 평소에 바쁘다는 핑계로 자주 보지 못했던 풍경들을 가까이 하면서 우리는 또 위로를 받는다. 이렇게 사소한 것들은 우리의 곁에서 우리를 기다리고 있었다. 시계를 바라보며 방림 삼거리에 도착한다. 무난했던 첫째 날보다 훨씬 힘들었던 둘째 날의 빡빡한 일정에 다들 힘들어 하는 기색이 역력하다. 이곳은 자동차로 출장을 다닐 때 거의 항상 지나가는 곳이다.

기록상으로는 '정선에서 팔십 리'라고 한 것으로 추측된다. 실제로

아리랑 로드 | 53

는 대략 32km 정도 되는데, 자동차로 미탄과 평창을 거쳐 오면 약 10km 정도 더 걸리는 거리다. 작은 가게에서 요깃거리를 구입하여 천제당 유원지에서 먹을 요량으로 길을 재촉한다. 뜨겁던 날씨가 갑자기 꾸물꾸물해지기 시작한다. 이정표를 삼아 사진을 촬영하고 헝겊 표시를 몇 개 달고 방림교를 건넌다. 다리를 건너자마자 제방이 있는데 길 흔적은 있지만 풀을 정리하지 않아서 혹시나 뱀이 나올까 무서워 국도변을 조금 따라 걷기로 한다.

천제당 유원지라는 이정표가 있는 곳에서 왼쪽 마을로 들어간다. 그러면 곧 제방길과 만나는데, 이곳에는 각종 운동 시설과 편의 시설들이 갖추어져 있어 주민들이 쉬어가기에 더할 나위 없이 좋다는 생각이 든다. 앞서 준비한 피로 회복제와 술, 초콜릿, 연양갱, 육포

등을 꺼내서 소소한 판을 벌인다. 한 번 입을 댄 주전부리들을 입에서 떼지 못한다. 마치 군대에 있는 장병들처럼 간식시간이 그렇게 즐거울 수가 없다.

　시원한 바람을 맞으며 한 모금씩 나누면서 신발과 양말을 벗어서 말린다. 힘들게 운동을 하고 취하는 휴식은 그 무엇과도 비교할 수 없을 정도로 뿌듯한 순간이다.

　천제당은 아마 여름에 가뭄이 들면 기우제를 지내던 곳이 아닐까 싶다. 흔히 강가에 천제사 바위가 있는 마을이 많다. 국도변을 걸으면 자동차에 신경을 쓰면서 극도의 긴장감이 들기 때문에 자기도 모르게 속도가 붙어서 걸음걸이를 잃어버리고 페이스에 지장이 생긴다. 이때가 바로 물집이 생기는 순간이다. 작은 물집이 난 대원을 보면서 금세 화제는 신발로 바뀐다. 역시 신발은 등산화처럼 발바닥이 두꺼운 것이 최고라는 결론이 나오고 이런 사소한 수다와 함께 하루가 지나간다.

　오고 갈 때 모두 마찬가지지만 이곳 방림은 원래 하루 만에 와서 묵는 곳이다. 머나먼 팔십 리 길 중간지점이 바로 그 험하기로 소문난 벽파령이니 반드시 하루 만에 넘어야 한다. 그래야 정선에서 아침에 출발하여 방림에서 자고 방림에서 출발하여 저녁에 정선에 도착한다.

　날씨가 점점 더 꾸물꾸물해지면서 해질녘에는 비구름이 끼기 시

작하고 멀리 여우재 방향은 컴컴하니 어두워 보인다. 혹시라도 비가 쏟아질까봐 급한 마음에 서둘러 걸음을 재촉한다. 제방 부근으로 나 있는 평창강 길을 따라서 아주 편안하게 걷는다. 편안하게 걸으면서 바라보는 강변의 풍경은 가히 시구가 떠오를 만큼 그야말로 절경(絕景) 그 자체이다! 방림 시내에 들어서서는 혹여 기록이나 홍보가 될 만한 것이 있을까 싶어 복지회관 뒤의 시가지로 나온다. 필요한 물건도 사고 사진도 찍으면서 성황당을 지난다. 면 소재지의 국도변에 있는 성황당을 잘 보존하면서 노란색 벽체에 초록색 기둥과 기와를 얹어 예쁘게 단장을 하니 도시 주변의 경관과 잘 어울린다. 아마도 필시 이 마을에는 전통을 보존하는 구심체가 있을 듯싶다. 성황목과 그 주변도 잔디와 운동기구로 조화를 이루어 잘 배치해 놓았다.

그곳을 지나가면서 헝겊 표시를 달고 있는데, 새로 당선되신 전정환 군수님과 그 일행 분들이 지나가시는 길에 우리를 발견하고 차를 세워 "고생한다. 천천히 하자."라면서 격려의 인사를 건네신다. 응원을 받으니 다시 힘이 난다. 반드시 해내겠다는 의지로 발걸음이 더 힘차다.

뇌운 계곡 갈림길에 막 당도하려는 찰나에 갑자기 소나기가 쏟아진다. 이게 무슨 날벼락인가! 황급히 배낭에서 일회용 비옷을 꺼내 입고 잠시 멈추기를 기다린다. 신발이 젖으면 물집이 쉽게 생긴다.

갑작스레 내리는 소나기에 한층 더 걱정스러운 마음만 든다. 여우재 방면을 바라보니 아직도 갈 길이 많이 남은 막막한 상태이다. 하지만 우리는 비가 와도 그냥 걷는다. 젖으면 밤새 말릴지언정 포기하지 않고 나아가자는 각오가 담긴 답사대장의 당찬 결정에 따라 우리는 아랑곳하지 않고 계속 걸었다.

여기부터 여우재 옛길을 만나는 은골까지는 국도 42호를 대신해서 걸을 수 있는 마을길이 전혀 없다. 비 오는 국도는 시야 확보도 잘 안 돼서 위험하기 짝이 없기 때문에 신중을 기하며 걷는 수밖에 없다. 계촌으로 갈라지는 곳에 있던 마부의 정거장이란 휴게소는 오랫동안 사람의 손길이 닿지 않은 채 방치되어 외로이 수풀 속에 묻혀 있다. 이곳에는 옛 신작로가 그래도 조금은 남아 있는데, 옛 다리를 건너면 오래된 가게 건물들이 몇 채 남은 마을길이 나온다. 지금까지 한 번도 가보지 않은 마을 안길이다. 예전에 사천 휴게소가 있었던 곳은 이제 식당으로 바뀌어 버리고 된장 항아리가 야외에 줄지어 배치되어 있다. 지나가는 손님들이 잠시 쉬어갈 수 있도록 의자와 탁자에 파라솔까지 설치해 놓았기에 우리는 비도 피하고 피로도 풀 수 있어서 너무나 감사했다.

국도변 갓길을 걸으면 나오는 송어장 식당 바로 위에 나 있는 신작로, 여우재 옛길로 들어선다. 이곳에 들어서면 최근에 지어진 것으로 보이는 펜션들이 몇 가구가 있고 휘돌아 난 신작로 굽이 길에서 은곡교라는 다리를 지난다. 이 왼쪽의 골짜기를 은골이라 한다. 얄궂게도 비는 그치지 않고 계속 내리고 있는데 옛 신작로는 포장이 안 된 채 그대로 숲 속에 있다. 한 뼘 정도 되는 비에 젖은 풀들이 신발에 채이고 비옷을 타며 흐르는 빗물은 바지를 다 적시니 우리 행색

이 말이 아니다. 해가 뜨면 땀에 젖고 비가 오면 비에 젖고…. 몸이 하루도 뽀송뽀송할 날이 없다. 그래고 밝고 맑은 날이었으면 산뜻한 풍경을 바라보며 청량함에 쉬어 갈 수 있는 아름다운 길인데. 아쉬움을 뒤로 하고 우리는 다시 길을 재촉한다.

어두워진 숲 속 길, 옛 신작로를 따라서 한참 오르면 오늘의 여정이 마무리 되는 숙소가 있다. 국도를 타고 여우재를 오르면 왼쪽 소나무 숲이 나오는데, 그 안에 솔잎찜질 펜션이 있다. 수가솔방 펜션에서 이틀째 여장을 푼다. 비에 젖어 녹초가 된 우리를 위해 찜질방에서 샤워를 할 수 있도록 배려해 주어서 너무나 감사할 따름이었다. 젖은 옷을 벗고 시원하게 샤워를 한 뒤 상쾌한 기분으로 찜질방 가운으로 갈아입고 저녁을 먹는다.

펜션에서 식사를 하고 잠도 자고 찜질까지 하면서 여러모로 많은 도움을 받았다. 다만 숙박비를 좀 아끼려고 원룸을 하나만 예약하는 바람에 몸을 씻고 옷을 세탁하는 데 여러모로 불편함을 겪었다. 비에 흠뻑 젖은 옷을 말리느라 바빴던 밤이었다. 밤새 옷을 말릴 각오를 하며 나아갔던 열정까지는 좋았으나 막상 닥쳐보니 이것은 생각보다 고생스러운 일이었다. 아내는 이런 수고를 매일 하고 있다는 생각에 그동안 집안일을 많이 도와주지 못한 것에 대해 미안해진다. 집에서 빨래를 해주는 아내에게 정말 감사해야겠다는 생각을 하면서 잠이 든다.

✤ 2014. 6. 21. 07:00 셋째 날(하지)

　다행히도 밤새 내리던 비는 아침에 거의 멎었다. 비가 멈춘 김에 서둘러 아침 식사를 마치고 나서 수가솔방 펜션 여사장님과 기념사진을 찍는다. 예전엔 육상과 마라톤 선수를 했다고 하시면서, 우리가 사전에 답사한 길을 정확히 안내해 주셨다. 우리는 그 여사장님의 지식과 기억력에 감탄을 금치 못했다. 아니 단순히 기억력이 좋은 것이 아니다. 단순히 사람의 기억력으로는 그렇게 생생하게 기억할 수 없다. 그분은 우리가 걸어가는 길을 지금도 걷거나 달리고 있던 것이다. 맑은 공기를 마시며 자연 속에서 열심히 운동을 하셔서인지 사장님은 매우 젊어 보인다. 우리는 여정을 마치고 나면 한층 젊어져 있을 거라는 농담을 주고받으며 본격적으로 셋째 날 일정을 시작했다.

남들은 다 집에서 편히 쉬는 토요일이지만 우리는 휴식 없이 계속 걷고 있다. 집의 편안한 침대가 그립다. 수가슬방에서 나오면 연결되는 여우재의 옛 국도였던 신작로를 타고 구불구불 오르기 시작한다. 모두에게 잊힌 길이지만 그래도 아스팔트로 포장을 했기에 국도다운 기품이 흐르는 길이다. 호현교를 건너 배추와 양배추를 경작하는 농경지를 지나면 바로 여우재가 나온다. 펜션단지를 조성하는지 이곳저곳 많이 파헤쳐진 고갯마루가 여우고개다. 뒤돌아보니 저 멀리서 어제 하루 걸어서 힘겹게 넘은 험난한 고개인 가리왕산 벽파령이 보인다. 걷기가 얼마나 힘든지를 몸소 체험하기에 충분한 풍광이다. 저 아득하게 보이는 곳을 넘어왔다는 것이 신기하면서도 자랑스러운 느낌마저 든다.

고개 너머는 먹골이다. 신작로를 따라서 내려가면 잠시 헤어졌던 국도 42호와 재회하게 된다. 마을 어귀에는 먹골이라는 표석이 서 있

는데, 간밤에 내리는 비를 맞아 젖어 버려서 자세히 보지 않으면 글자를 알아보기 힘들다. 이곳은 먹골, 묵골로 불리는데 기록에는 묵교로 나온다.

먹골 표석 근처에서 아리랑 로드라고 쓰인 헝겊 하나를 붙이는 사이 갑자기 건너편 차도에 차가 한 대 선다. 지금은 지역경제과에 근무하는 도상희 팀장으로 아리랑에 관심이 넘치는 사람이다. 고생한다는 인사를 건네면서 다가오는 도상희 팀장 덕분에 우리는 인사를 한다는 핑계로 잠시 동안 숨을 돌릴 틈이 생긴다. 도상희 팀장과 작별한 동시에 우리는 다시 걸음을 재촉한다.

왼쪽으로 국도를 따라 걸으면 백덕산의 등산로 입구에 왔음을 알리는 지점인 운교 삼거리에 도착한다. 이곳에는 생긴 지 오래된 가게도 지금까지 문을 열어 놓았고 주변에도 가게 형태의 집들이 몇 채 있음을 볼 수 있다. 계촌 방면이나 둔내 쪽으로 가는 갈림길이라 예전에 번성했던 곳이라고 할 수 있는데, 운교 치안센터가 있는 곳이다.

사전 답사를 마치지 못한 곳 중 하나는 바로 문재 구간이었다. 터널까지 이르는 옛길과 문재 정상에서 안흥 방면으로 가는 터널 출구 옆으로 내려오는 옛길을 미처 확인하지 못했다. 세 번 정도 현장 답사를 하면서 조사하였지만 아쉽게도 시간이 부족하여 답사를 마치지 못하였던 구간이다. (길 안내가 앞장서서 지도상으로 확인한 배나무골로 들어섰다. 그런데 사실 이 길은 잘못 접어든 길이었다. 원래는 넘어가는 길로 갔어야 했는데, 그래도 우리가 지났던 길이니까 일단 소개하기로 하고 그 후에 다른 길을 알려 주고자 한다.)

여기에서 옛 신작로의 운곡교는 운교1리의 마을회관 겸 경로당으로 사용하는 건물 뒤에 있는데, 계곡을 바라보면서 오른쪽으로 빠지면 작은 마을길인 배나무골로 들어선다. 계곡을 따라서 맨 위의 두 집이 있는 곳에 이르렀는데 그곳은 사유지로 막아놓았다. 그래서 도무지 확인할 길이 없어 왼쪽 집과 산허리의 임도를 바라보니 그곳은 우리가 갈 길이 아니었다.

결국 논의 끝자락에서 뒤돌아 내려오는 중간쯤에 간신히 국도로 오르는 길을 발견하여 그곳으로 나와 터널까지 걷는다. 안전에 기하여 좌측으로 통행하면서 마주 오는 차량을 향해 분홍색 수건을 흔들

고 운전자와 눈을 맞추면서 걷는다. 네 명이 일렬로 나란히 걸으면서 손을 흔들기도 한다. 무엇보다도 안전이 최우선이다. 비록 길을 못 찾아서 돌아 왔지만 앞에서 달려오는 차량에 대해 긴장을 늦출 겨를도 없이 문재 터널 옆까지 올라오게 되었다.

백덕산의 등산로 입구에 가면 쉼터와 화장실이 있다. 그곳에서 잠시 쉬면서 앞으로 갈 길을 가늠해 보고 등산로를 따라 올랐다. 로프를 매 놓았음에도 불구하고 상당히 가파르다. 비록 짧은 거리이지만 문재 정상을 다 올랐다고 하는 순간에 방심하여 길 안내의 어려움이 따랐다.

임도를 만나기도 전에 우리는 오른쪽으로 샛길 같은 흔적이 보여서 바로 그 길을 택하였다. 아마도 옛길을 찾은 듯 크게 흥분해서 앞

뒤 안 가리고 마구잡이로 나아갔던 것 같다. 그런데 한참을 나가도 가면 갈수록 숲은 더 우거지고 옛길은 흔적조차 없어졌다. 아침까지 내린 비로 인해 나무며 풀이며 산 속에 있는 온갖 것들이 물을 머금고 있던 상태라 지나다닐 때마다 빗물이 쏟아졌다. 졸지에 우리 완전히 소나기를 맞은 꼴이 되었다. 백 미터 이상을 길도 없는 곳을 헤치다가 결국엔 뒤돌아 등산로까지 왔다. 천천히 걷는다는 생각을 하지 못하고 옛길을 찾고자 의욕만 앞서서 조급하게 걷다 보니 일을 그르쳤다. 힘든 길을 걷다가 다시 돌아오다 보니 의욕이 한풀 꺾인다. 피로가 몰려오고 다리의 통증이 몰려온다. 우리는 무엇을 위해서 이 머나먼 길을 떠나고 있을까? 그 의미를 다시금 생각해보게 된다.

역시나 우려했던 일이 터지고야 말았다. 정강이와 무릎에 출혈이 생겼다. 대원들의 사기가 더 한풀 꺾이는 것 같았다. 원인은 대원들의 복장을 고려하지 않았기 때문이었다. 응급처치로 일단 위기를 모면하고 다시 등산로 방향으로 조금 오르니 지도상에서 확인한 임도가 나왔는데, 이제부터는 일이 좀 순조롭게 풀려서 이정표를 따라 걸어가니 드디어 문재 정상에 이르렀다! 옛길을 찾다가 엉뚱한 길로 접어들어 갖은 고생 끝에 이른 곳이니 완전 감격스러울 따름이다. 앞으로의 일정이 많이 남아 있었지만 우리는 순간을 만끽했다.

횡성군 안흥면과 평창군 방림면을 알리는 이정표가 있다. 터널이 뚫리기 전, 옛날 국도로 이용되던 시절에 세워진 것이다 보니 페인트가 벗겨져 이제는 모양만 간신히 유지하면서 서 있을 뿐이다.

　기념촬영을 하고 나서 바로 안흥 쪽으로 내려갈 길을 찾는데 아무리 보아도 사람이 걸어서 넘은 흔적을 찾을 수가 없다. 결국엔 안흥 쪽 신작로를 따라서 내려가다가 능선을 탔다. 다소 무모한 행보였지만 길 안내와 대장, 대원들 모두 합의하여 내린 결정이었다.
　다음 지도와 네이버 지도를 폰으로 검색하며 갤럭시 노트를 사용하며 길을 찾느라 다들 분주하게 움직였다. 우리가 가기에 적합한 곳은 터널 바로 옆으로 내려가는 능선, 지도상에서 확인하였던 바로 그 지점이었다.

　바로 내려가 보니 그 밝고 훤한 길은 금세 사라지고 좌절을 맛보게 하는 가파른 길의 연속이다. 그러다 차 소리에 지형을 살펴 가면서 내려간 곳은 터널 바로 옆의 전기 배전반이 있는 곳이다. 정확히

내려왔지만 길은 찾을 수 없기에 그 누구도 이 길을 따라 넘어서는 안 되는 위험한 곳이었다. 길 안내가 시행착오를 하도 많이 겪어서인지 대원들은 모두 신발도 젖고 상처도 생겨 꼴이 말이 아니다. 정상에서 맛봤던 기쁨은 잊은지 오래다.

그래도 대장과 대원들의 의견이 서로 일치하였기에 위험했지만 최단거리로 넘어오는 길을 택할 수 있었다. 사실 이 길은 거쳐서 가면 안 되는 길이었다. 그래서 보다 안전한 길을 추천해주고자 한다. 4.5km나 더 돌아가는 길이지만 그래도 안전하게 갈 수 있는 명품 숲길이 있다. (이 길은 서울에 다녀온 후에 다시 한 번 자동차로 사전에 답사하였기 때문에 자신 있게 추천할 수 있는 구간이다.)

　운교에서 문재 쪽으로 배나무골을 따라 약 1km 걷다 보면 오른쪽에 굴다리가 있다. 승용차나 중소형 트럭이 다닐 수 있는 정도의 터널로 칡사리골을 연결하는 국도 밑의 마을길이다. 이 길을 따라가면 칡사리 길옆에 들어선 수많은 펜션들을 볼 수가 있다. 마치 구불구불하게 칡넝쿨을 서리어 놓은 것처럼 여러 구비의 길이 이어진다.

　왼쪽의 평창 유스호스텔을 따라 올라가다 보면 이제부터 농경지도 끝이 나는 무인지경(無人之境)이 나온다. 오랫동안 방치되어 아무도 다니지 않는 옛 신작로, 국도 42호 옛길이다. 계속 오르다 보면 보기에도 커다란 소나무와 산 버드나무들이 줄지어 서 있고 숲도 울창하게 우거져 있다. 비록 포장되지 않은 길이지만 그래도 관리가 잘 되고 있어 노면도 비교적 좋다. 제초 작업이 완료가 되면 걷거나 뛰거나 자전거를 타기에 너무나 좋은 그야말로 명품 숲길이다.

　문재 옛길을 오르다가 정상에 이르게 되면 그곳이 바로 평창군과 횡성군의 경계이다. 다섯 개의 도로가 고개 정상에서 만나는데, 두 개는 임도로 통제하여 차단기가 설치되어 있다. 하나는 안흥 방면 오른쪽으로 새로이 개통하는 도로로 그 길은 택하면 안 되는 곳이다. 그러면 남는 길은 두 개인데, 하나는 우리가 평창에서부터 올라온 길이고 하나는 문재를 넘어서 안흥 방면의 왼쪽길로 내려가는 옛 신작로이다. 일단 고개부터 넘은 다음에 왼쪽 도로를 따라서 '명품 숲길'이라 명명된 옛 신작로를 따라가면 안전하게 걸을 수 있을 것이다.

여러 가지 소나무와 낙엽송, 참나무, 자작나무들이 골고루 뒤섞여서 나타난다. 아주 시원한 그늘 밑에 잘 관리된 신작로이니 과연 명품이 아니던가! 이곳은 횡성 국유림에서 관리하는 명품 숲길인데 지나가는 사람들을 위한 이정표가 잘 안내되어 있고 쉼터와 전망대도 설치되어 있어 이름값을 톡톡히 한다. 이 길을 택하면 터널 위를 바로 넘는 것보다 더 많은 거리를 걷는다는 단점이 있지만 그래도 훨씬 안전하고 걷기에도 편안하고 좋은 길이라고 할 수 있다. 조금 더 가다 보면 안흥면 상안2리에서 국도 42호선과 만난다.

터널에서 상안2리 국도까지 계곡의 마을길로 내려온다. 대원들은 이미 신발도 젖고 허기도 져서 몹시 지친 상태이기 때문에 민가 근처의 그늘에서 식사를 한다.

 분홍 손수건을 흔들면서 왼쪽의 국도를 따라서 조금 걷다가 상안2리 마을회관 앞의 마을길로 접어든다. 전형적인 농촌인데 농사가 한창인 논과 밭들을 볼 수 있다.

 물안교를 건너 마을길, 제방길을 번갈아 가며 계속 걷는다. 서초수련원과 그 뒤의 카페도 먼발치에서부터 지나가고 송어 횟집도 거쳐 간다. 우리가 나타나자 개울에서 놀던 백로와 오리들이 후다닥 혼비백산하면서 난리도 아니다. 현재는 많이 가문 상태여서 물의 양은 적지만 비교적 맑은 편이다.

 앞에서는 혹시 풀숲에 뱀이라도 도사리고 있을까 싶어서 버드나무 가지로 풀을 쓸어 소리를 내면서 조심스럽게 나아간다. 서울까지 머나먼 길을 걷는 동안에 한 명이라도 다치면 대원 모두가 함께 갈 수 없는 난감한 상황이 생기기 때문이다. 급기야 발가락에 물집을 호소하는 대원이 생기고 말았다. 대장은 괜찮다고 하지만 오늘 두 번씩이나 길을 잘못 드는 실수를 범하여 대원들을 몹시 고생시킨 일이 계속 마음에 걸릴 것이다. 오랫동안 발이 습한 상태에서 계속 무리를 하면 물집이 안 생길 수가 없다는 것을 모두가 알고 있다. 그렇기에 대장은 더 열심히 우리를 살펴보며 길을 걷는다. 한낮에는 개울가 제방에 독사가 나와 있을 가능성이 매우 높기 때문에 안전을 기하며 조심조심 나아가야 한다.

맥수교까지 오면 오른쪽에 나란히 있는 국도로 나와서 왼쪽 길로 걷는다. 그곳은 길가에 있는 민속 안흥찐빵 휴게소를 조금 지난 지점이다. 길바닥에 빗물이 말라버릴 정도로 내리쬐는 심한 더위에 우리 모두 조금씩 지쳐 간다. 지금은 열두 시를 넘긴 시각. 안흥에 도착하면 처음 보이는 식당에서 점심을 먹기로 진행 담당이 결정한다.

국도변이라 우리도 모르게 발걸음이 빨라진다. 안흥초교 앞에 와 보니 다행히 보행자 도로가 설치되어 있다. 휴~ 그동안 놓치지 않고 있었던 긴장을 풀면서 안도의 숨을 내쉰다. 이제 조금은 덜 위험하게 걸을 수 있다. 그리고는 학교 앞에 있는 버스 승강장 그늘에서 잠시 쉬면서 오는 동안 비 오듯 흘렸던 땀을 닦는다.

갑자기 대원 중 나이가 몇 살 위인 길 안내가 깔고 앉았던 야외용 깔개를 이곳에서 또 잃어버렸다며 울상이다. 건망증이 심하여 매일 한 가지씩 흘리고 다닌다고 한탄하면서 말이다. 아직 나이를 탓할 때는 아닌 것 같은데…. 그래도 그 덕분에 한 번 웃는다. 가뜩이나 허기진 상태라 조금 있으면 볼 수 있는 안흥찐빵 생각에 침이 절로 고인다. 오로지 안흥찐빵 생각에 다들 들떠 있다. 그러던 중 안흥 시

내에 접어들자 바로 보이는 식당이 몇 군데가 있다. 가장 먼저 눈에 띄는 곳은 스테미너에 으뜸인 장어 식당. 우리는 안흥찐빵 대신 먼저 장어 식당을 택했다. 대원들의 만장일치로 바로 들어가서 더위를 식히고자 선풍기 바람부터 쐰다.

진행 담당이 시켜주는 장어탕에 잔뜩 기대를 걸고 기다리면서 양말을 벗고 발을 말린다. 고단한 여행에 지쳐 꼴깍 침 넘어갈 쯤에 장어탕이 나온다. 다들 지쳤다는 것을 증명이라도 하듯이 식사하는 내내 아무도 말이 없다.

그런데 자세히 보니 장어가 보이지 않는 것 같다. 싸구려 추어탕만 먹다가 그래도 비싼 고급요리인 장어탕이니 다들 말없이 먹을 뿐이다. 장어가 아주 없는 건 아니고 있기는 한데 푹 고아서 내놓는 바람

에 형체가 부스러져서 알아볼 수 없었던 것이다. 정선 사람들이 강에서 직접 잡아 끓여서 먹던 그 장어 매운탕이나 장어 백숙을 기대한 게 잘못이었다.

어쨌든 장어탕으로 허기진 배를 채우고 식당을 나서서 찐빵 냄새가 가득히 풍기는 안흥 시내를 걷는다. 둥글둥글한 찐빵처럼 이곳의 인심도 푸근할 것이라는 생각에 시내 입구의 둥글한 찐빵 조형물 앞에서 기념 촬영을 한다.

시내를 관통하여 옛 다리 실미교를 건넌다. 그러자 왼쪽에 국도와 새 다리가 만나는 제방이 나타났는데, 그곳에 설치된 워킹 코스를 따라서 걷기 시작한다. 지나가면서 보이는 주천강 근처의 붉은색 길이 참으로 고요하고 평화로워 보인다. 기록에 묘사된 안흥은 우리가 느낀 것 그대로였다. 마치 두 팔로 감싸 안은 것처럼 둥근 모양으로

펼쳐지고 둘러싸인 정경이 누가 봐도 참으로 편해 보이고 절로 흥이 나게 만드는 곳이다.

단지골 가는 길 입구, 안흥터널 옆에 있는 폐쇄된 국도를 따라 간다. 그런데 언제나 방심하지 말아야 하건만 안흥의 푸근함에 긴장을 풀고 가다가 갑자기 돌발 상황이 발생했다. 갑자기 바드레라는 벌이 맨 앞에 있는 길 안내를 공격한 것이다. 험한 산이나 들판을 지날 때에는 앞장서서 뱀이나 벌을 살피면서 조심히 걸었는데 이 평탄한 곳에 숨어 있는 벌을 미처 보지 못한 것이다.

그동안 몇 군데에서 용케 미리 벌집을 발견하고 잘 피해 다녔는데 방심한 순간에 일이 벌어진 것이다. 역시 사고는 한순간이다. 순식

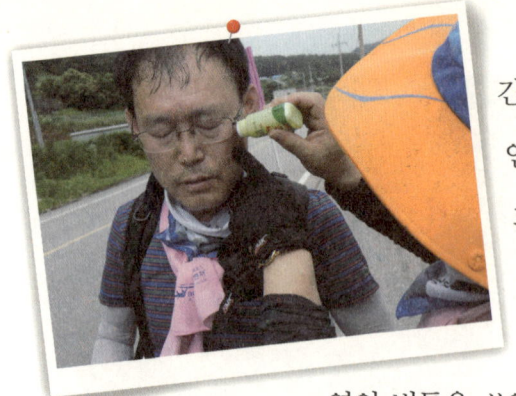
간에 아수라장이 일어났다. 길 안내가 벌집을 건드린 것이다. 화가 난 벌들은 길 안내에게 달려들었다. 길 안내는 다 급하게 얼굴을 다 가렸는데도 눈 옆의 빈틈을 쏘았다. 게다가 연이어 막아내는 팔목을 쏘아 버렸다. 벌을 쫓다가 쓰고 있던 그의 안경이 떨어졌다. 그나마 다행히도 망가지지는 않았다. 길 안내는 어릴 적부터 벌이라는 곤충에 많이 단련된 대원이었는지라 그냥 쏘인 것에 그쳐 더 큰 불상사는 발생하지 않았다. 피부에 빨간 점이 약간 부풀어 오른 것으로 끝나 버렸기 때문에 큰 뒤탈은 없어서 그나마 다행이었다. 만일 벌에 약한 사람이 쏘였다면 일정에 큰 차질이 생겼을 것이다.

문제의 벌집은 도로변 가드레일에 달려 있었다. 원래 벌에게 쏘이면 벌집을 반드시 떼어내야 빨리 낫는다는 속설이 있는데, 그러다 한 방 더 쏘이기 일쑤다. 그래서 그냥 우린 바로 걸었다. 그래도 앞서 걸어 간 길 안내는 제 역할을 한 셈이다. 우리 중에 누가 먼저 갔었더라도 적어도 한 번은 벌집을 건드렸을 것이다.

오늘 우리가 가야 할 길은 소초면 소재지인데 갈 길이 바쁜 우리는 벌과 싸울 겨를이 없었다. 전재에도 터널이 뚫려서 편하게 다니고는 있지만 오늘은 터널 위의 옛 고개로 넘는다. 전재터널 입구에서 신지골 교차로를 거쳐서 넘어가는 폐쇄된 국도를 택하여 전재 옛길 정

상에 오른다. 정상에는 이런저런 관리상의 문제로 인해 차량은 통행이 불가능하도록 차단기를 설치해 놓았다.

  이곳이 바로 안흥면과 우천면의 경계인 전재다. 지금은 사람과 자전거가 다니기에 아주 편한 길이 되었다. 아마도 신작로가 뚫리기 전에 사람들이 다니는 길은 이 길이 아니었을 것이라고 생각된다. 현재 저수지가 있는 그 골로 따라 들어와 이 재를 넘어서 오지 않았을까 싶다.

  안전한 길이기에 긴장을 풀고 마음을 놓아 조금씩 속도를 내면서 내리막길을 걷는다. 앞에서 올라오는 MTB 일행과 마주치자 반가운 마음에 서로 격려차 인사를 나눈다. 그리고 조금 더 가다 보니 한 집이 보인다. 자세히 살펴보니 어떻게 들어왔는지는 모르지만 양봉치는 농가 한 집이 도로에 들어와 생활하고 있었다. 아까 전 벌들에게 잔뜩 겁에 질린 우리는 괜히 또 긴장이 된다. 긴장을 뒤로 하고 그들과도 반갑게 인사를 나누며 지나간다. 외딴 곳에 있어 외로운 사람들일 것 같다는 생각을 했는데, 막상 얼굴을 보니 의외로 너무나 선하고 긍정적인 모습을 하고 있었다.

도로명주소 전재로를 넘으면 오원3리에 이른다. 오원이라는 지명은 예전에 역이 있어 사람들이 묵어가던 곳에서 유래된 말로 지금까지 오원이라 불리고 있다. 조금 더 가면 새말이 나오는데, 그곳에는 뜻밖의 손님이 우리를 기다리고 있었다. 여기는 코레스코 리조트 바로 앞인 오원3리 버스 승강장이 있는 곳이다.

그 손님은 바로 둔내고등학교 김재경 교장 선생님과 사모님이었다. 예전에 정선에서 교육청과 학교에 근무할 당시 함께 정선아리랑을 배우면서 인연을 맺었던 분들인데, 정선에 대한 애정이 가득하셨던 두 분은 지금도 정선을 사랑하신다고 자주 말씀하신다. 신문에서 아리랑 로드를 답사하는 것에 관한 기사를 보시고 이 시간쯤 우리가 지나갈 것이라는 확인을 하고 전재를 넘어 내려오는 우리들을 기다리고 계셨던 것이다. 마치 드라마에서 언제 돌아올지 모르는 사람을 기다리는 것과 같은 장면이 떠올랐다. 땡볕에 우리를 응원하기 위해 먼 길을 와 주신 두 분의 마음에 우리는 감동하지 않을 수 없었다. 말로 표현할 수 없을 정도로 반가웠고 두 분의 응원에 더욱 힘이 났다. 저녁식사를 대접하겠다는 두 분의 호의를 한사코 만류하면서 마음만

받겠다고 하고 기념사진을 찍고 헤어졌다. 물론 우리도 아쉽기도 하고 죄송하기도 했다. 하지만 아직도 갈 길이 멀어 감상에 젖을 여유조차 우리에겐 허락되지 않는다. 그렇게 우리는 스스로에게 엄격해지며 우리의 계획을 이행했다.

오원1리를 지나 새말 한우타운에 이르니 교장 선생님이 또 기다리고 계셨다. 아쉬워하시며 검은 봉지에 음료수를 사서 우리들에게 억지로 쥐어 주신다. 우리는 아무 말도 할 수 없었다. 이렇게나 우리를 생각해주시다니…. 눈물이 날 지경이었다. 정말 고마우신 분이다.

갑자기 소나기가 쏟아지는 바람에 아쉬운 마음을 뒤로하고 서둘러 교장 선생님을 보낸다. 교장 선생님과 더 이야기를 하지 못해 눈치 없이 쏟아지는 비가 야속하기만 하다. 근처에 있는 주유소 옆의 휴게소에 들어가 간신히 비를 피한다. 이때 박종만 진행 담당의 친구인 이학범이라는 분이 횡성에 산다고 하시면서 찾아왔다. 이분이 저녁을 사겠다는 것도 극구 만류하고 조촐하게 소주와 맥주 한 잔씩 하면서 헤어진다. 이렇게 고마우신 분들이 있어 아직 세상은 살 만한가 보다.

빗줄기가 제법 굵어졌고 치악산과 원주 쪽에서는 천둥 번개가 요란하다. 폭우로 인해 우리는 더 이상 앞으로 갈 수가 없을 정도였다. 그로 인해 우리는 한 시간 이상을 허비하였다. 교장 선생님 내외와 저녁식사까지 포기하면서 온 길인데 너무나 아쉽고 억울했다. 당초에 길을 떠날 때는 옷을 밤새 말리자는 각오로 비가 와도 나아가자고 했는데, 갑작스런 폭우 앞에서 의지가 약해지고 있었다.

그런데 이때 답사대장은 출발하기로 결정한다. 저녁 시간인 데다가 소나기까지 내리고 있으니 시야 확보가 매우 어려워서 걷기에는 사실상 최악인 국도이다. 그래도 어떻게 이곳까지는 용케 국도의 위험을 피해 왔지만 원주 시내까지는 국도 42호 외에는 달리 걸어갈 만한 안전한 길이 없는 구간이다. 이런 구간에 소나기까지 내리니 정말 산 넘어 산이다. 그래도 답사대장은 일정에 차질이 생기기 때문에 그냥 걷기로 결정한다. 우리는 슬며시 눈치를 보다가 결국 대장의 지시에 따르기로 한다. 안전을 위해 배낭에 있는 신호용 LED 랜턴을 꺼내서 킨 후에 분홍 수건과 함께 흔들면서 안전신호를 알리며 걷는다.

　새말 한우타운 앞에서 왼쪽의 원주 방면으로 걸어간다. 당초 오늘의 목적지는 소초 면사무소가 있는 곳까지였지만 궂은 날씨의 영향으로 한 시간 반이나 지체하면서 시간을 허비했기 때문에 목적지까지 갈 수가 없다. 그래서 어쩔 수 없이 목적지를 수정하여 치악산 국

립공원의 입구인 학곡 삼거리를 목적지로 삼고 숙소를 찾는다. 학곡 저수지가 있는 삼거리에서 커브를 돌면 보이는 학곡민박이 바로 오늘의 숙소이다. 꽤나 오래되어 보이는 여인숙 건물이 이와 같이 민박으로 운영되고 있었다. 그래도 크게 헤매지 않고 숙소를 찾을 수 있어 그나마 다행이다.

학곡리는 기록에 활곡(活谷)리로 되어 있는데, 횡성 관내에 장시(場市)가 있어 이곳에서 물건들을 사고팔았다고 나온다. 민박집 주인아저씨가 말씀하시길, 지금은 원주시 소초면 학곡리로 되어 있는 있다는 말과 함께 민박집 건너편 치악산 입구의 상가지역이 장터가 활발하게 열렸던 곳이라는 이야기도 해주셨다. 그분은 평생을 그곳에서 사신 분이라고 하셨다. 그 얘기를 듣자마자 우리는 이곳에서 원주까지 갈 수 있는 다른 길이 있냐고 여쭈어 봤다. 뭔가 새로운 길을 알려주실 것 같다는 막연한 희망을 품었다. 하지만 주인아저씨역시 42번 국도를 따라가는 길 외의 다른 길은 없다고 하신다. 그리고 가는 도중에 수암리에서 황골로 들어가는 큰 길이 생겼다는 말씀도 덧붙여서 해주신다. 우리가 몇 번에 걸쳐 힘들게 찾고자했던 국도 42호를 대신할 길은 없지만 그래도 이곳까지 잘 찾아온 것만으로도 만족스럽고 뿌듯하다. 그리고 마침내 비가 그쳤다.

　토요일이라 사무실 직원들이 꼭 위문을 하겠다고 하여 최소 인원만 올라오도록 당부했는데, 그래서인지 딱 네 명의 직원들만 와서 우리에게 저녁을 사 주고 내려갔다. 폭우가 쏟아지는 가운데 걸었던 우리나 주말에 시간을 내어 위문하는 여러 동료 직원들이나 모두가 고생한다는 생각이 든다. 그래도 수많은 사람들에게 도움을 받으며 훈훈함을 느낄 수 있었던 시간이었다. 오늘은 이래저래 고마운 일이 많았던 하루였다.

　드디어 발바닥에 물집들이 생겨서 터뜨리는 대원들이 하나둘씩 생겼다. 말은 안하고 있었지만 대원들 모두가 이미 시작된 듯했다. 우리가 묵기로 한 민박은 아주 오래된 곳이었는데 방 두 칸을 한 칸으로 터서 운영하고 있어 조금 불편한 감이 있었다. 다행히 씻는 곳은 두 칸이라 젖은 옷과 속옷을 빨아서 방에 널고 선풍기를 틀어 말릴 수는 있었다. 물론 비온 뒤라서 잘 마를 리는 없다.

　연이틀 비가 온 탓에 어제 했던 빨래까지 꺼내서 널어놓는다. 안 그래도 눅눅해 죽겠는데 빨래하는 내내 모두들 평소에는 당연한 것으로만 여겼던 가족의 수고를 새삼스레 다시금 생각해볼 수 있었을 것이다. 고생한 하루였던 탓인지 몹시 피곤해서 눕자마자 금방 잠이 든다. 그리고 역시 방값이 저렴한 데에는 다 이유가 있다는 것을 몸소 느끼면서 셋째 날을 마무리한다.

🌼 2014. 6. 22. 07:10 넷째 날

　민박집 주인이 운영하는 식당에서 끓여 준 찌개로 맛있고 든든한 아침식사를 한다. 아침을 먹으니 어제 겪었던 피로들이 싹 가시는 것 같다. 바깥에 있는 식당이 아닌 집에서 먹는 집밥 같아서 정겹고 좋다. 평생을 고생하시면서 민박과 식당을 함께 운영하시는 매우 부지런한 여사장님과 인사를 나누며 기념사진도 한 장 남긴다. 이제 다시 일정을 시작할 수 있을 것 같다. 학곡민박에서 다시 출발이다!

　어제 비가 세차게 쏟아져서인지 오늘 아침은 공기가 매우 상쾌하다. 날씨도 맑아서인지 더욱 기운이 난다. 학곡 삼거리에서 서쪽으로 나아가서 국도 42호선 치악로를 따라 걷는다. 분홍 손수건을 오

른손에 들고 많은 차량 앞에서 흔들어 인사하며 왼쪽 길로 걷는다. 운전자들은 우리를 신기한 듯 쳐다보며 멋쩍게 인사를 한다.

　백배미길, 밤나무정이라 이름이 붙은 버스 승강장을 지난다. 기록에 있는 엄목정은 찾지 못했지만 밤나무정이라는 율목정(栗木停)이 있어 그나마 다행이다. 조마조마 애태우며 사전 답사를 하였지만 결국엔 찾지 못했던 곳이다.

　이곳은 승강장에 모두 배나무, 복숭아나무, 밤나무 등의 그림을 그려져 있었다. 일종의 포토 존(Photo Zone) 같은 느낌이었다. 누가 보더라도 기분이 좋아지게 만드는 장소였다. 이런 작은 아이디어가 얼마나 많은 사람들을 즐겁게 할 수 있는지를 깨닫게 되었다. 정말 훌륭한 마을 가꾸기 사례인 것 같다.

　다리목이라 부르는 교항리 대동을 지나서 길가의 석조불두상을 보지 못하고 바삐 걷는다. 잠시 쉬어서 여유롭게 석조불두상을 감상하

고 싶지만 그럴 여유가 없다. 소초면 소재지를 넘기 위해서는 먼저 평장리 고개(평장아치)를 넘어야 한다. 그러기에 시간이 부족하다. 어제 소나기로 인해 지체된 시간을 오늘 좀 만회해보려고 부지런히 안내를 하려고 애쓰고 있다. 하지만 의욕만 너무 앞섰는지 몰려오는 자동차와 경사진 고개로 인해 이내 지쳐버리고 만다. 그래서 고갯마루에 올라 옛 도로부지에서 잠시 쉬는 사이 MTB팀들이 지나친다. 그들도 올라올 때는 우리보다 더 힘들어 하는 것 같다.

휴식을 취하고 다시 일어나 길을 재촉하니 드디어 어제의 목표였던 소초 면사무소 소재지에 이르렀다. 그리고 곧 그곳을 지나 뒷길로 돌아서 옛 시내길로 접어든다. 지금까지 4차선 도로를 내달렸던 다른 면 소재지 앞에서 보았던 모습과는 사뭇 달랐다. 놀랍게도 그곳에는 사람들로 붐볐을 것 같은 소박한 옛 거리가 있었다. 그리고 면사무소와 우체국 등의 관청 건물과 각종 오래된 상가 건물들이 남아 있었다. 그곳을 지나면서 우리는 왠지 모를 씁쓸함을 느꼈다.

사전 답사를 할 때 어떻게든 국도를 피해 보려고 이곳에서 소초 안골로 들어가 슥새울이란 옛 마을을 지났다. 치악산 입구 매표소로 나오는 길을 찾으려고 온갖 방법을 동원하여 노력했으나 결국에는 찾을 수 없어 포기했다. 기록된 길과 지금 우리가 걷고 있는 길이 42번 국도와 일치하기 때문에 자동차의 위험을 감수하고 그냥 걷기로 한 것이다.

이곳이 최초의 정선군 여성 읍장이었던 박옥순 전 읍장님의 고향이라는 얘기를 들었다. 치악산에서 나오는 배와 복숭아는 주로 이곳 소초면에서 생산된다고 한다. 면 소재지이긴 한데 뒤편의 옛길에는 이제 옥수수 밭이 자리 잡고 있어 왠지 모를 묘한 기분이 든다. 소초면의 옛 거리를 가로질러 나오면 큰길과 다시 만나는데 여기서부터 다시 속도를 낸다. 소초(所草)는 홍양리의 소새바위에서부터 지명이 유래되었다고 한다.

소나무를 심었다는 한자 식송(植松)을 순우리말 싱근솔길(식송정, 수암리)로 도로명을 붙여 놓았다. 우리 지명 살리기의 아주 좋은 사례 같다. 물론 한자로 식송이라는 표석도 버스 승강장 옆에 세워 놓아서 사람들이 찾기 쉽게 해 놓았다.

싱근솔을 지나서 있을 법한 화위현(和僞峴)이라는 고개는 표시가 없어 찾지 못했지만 대신 언덕을 넘어 돌모루를 찾았는데, 기록의 석우점(石隅店)이 흥양리라는 것을 확인해서 기분이 매우 좋았다.

이제 점점 더 원주에 가까워진다. 강원과학고 정문 앞의 국도변에서 잠시 쉬면서 몸을 단정히 한다. 왜냐하면 그곳은 강원 감영이 있던 곳이기도 하고 지금도 강원도의 인구수가 1위인 도시이기 때문에 수많은 강원도민에게 지치고 축 늘어진 우리의 모습을 보이기 싫었기 때문이다. 그래서 쉬면서 피로 회복제도 마시고 당분도 보충하는 등 간단하게 요기를 하면서 몸을 추스렸다.

원주와 가까워지면서 차량들도 더욱 많아졌다. 이제 더 위험해졌기에 전보다 더 두려움이 든다. 하지만 우리는 어느 정도의 성과를 이뤘다. 그것을 되새기며 무거운 발걸음을 떼면서 길을 떠난다. 점

차 발에 통증이 오는 것을 보니 여러 군데에서 서서히 위험 신호가 오는 것 같았다. 게다가 오늘은 날이 무지하게 더워서 거의 녹초가 될 지경이다. 시내가 가까워질수록 더위의 정도가 더하다. 이제는 거의 자신과의 싸움이다. 포기하고 싶다는 생각이 들기 시작한다. 하지만 여기까지 고생해온 것들이 너무 아깝기에, 함께 하는 팀원들이 있기에, 응원해준 사람들이 있기에 젖 먹던 힘이라도 쥐어짜서 꽤나 경사진 길을 오른다. 그러니 정신 없이 오르다 보니 이곳은 원주 시립 봉안당(화장장)이 있는 고개다.

다른 말로 가매기 고개라고도 하는데, 기록에는 부현(釜峴)이라 하면서 큰 고개라는 뜻을 지명으로 삼았던 것으로 보인다. 길을 재촉하여 고개에 이르니 대규모의 아파트 단지가 보이기 시작하고 근처에는 인도가 보인다. 드디어 시내 4차선 도로를 따라서 안전하게

걸을 수 있게 되었다. 이제 본격적으로 원주 시내 길을 걷는 셈이다. 가다 보니 가매기 사거리라는 도로 이정표를 발견했는데, 그곳은 부현(釜峴)의 옛 지명과 일치하는 곳이었다.

다시 길을 재촉하여 학봉정 삼거리를 지나면 태학교 다리에 이르게 되는데, 여기에서 옛 기록에 봉천으로 나와 있는 원주천을 건넌 후에 철길 밑으로 빠져나오면 평원 사거리에 이른다. 아스팔트와 시멘트 건물의 열기가 여간 거센 것이 아니다. 마치 한증막에 온 것 같이 느껴진다. 너무 뜨거워서 조금 어지럽기도 하다. 쉬고 싶지만 잠깐이라도 쉬면 퍼질 것 같아 이를 악물고 계속 걷는다. 왼쪽 방향으로 평원로를 따라 내려가 중앙로의 문화거리로 들어서니 그곳엔 차 없는 거리가 조성되어 있다. 상가와 패션거리, 식당가와 전통시장이 한데 어우러져 있어 과연 강원도 내 인구 30만을 넘는 최고의 도시라는 풍모를 느끼게 한다. 다만 아직 시공 중에 있어서 그런 건지 아니면 없는 건지 모르겠지만 이정표나 도로명 표지판을 찾아보기는 어렵다. 그렇다 보니 우리는 당연히 길을 헤맬 수밖에 없다. 그 점은 정말 아쉬웠다. 우리뿐만 아니라 다른 여행객들과 방문자들을 위해서도 이정표나 도로명 표지판을 잘 정비했으면 좋겠다.

원일로를 건너면 강원 감영이 보인다. 강원 감영을 들어서면 제일 먼저 포정루라는 현판이 걸린 누각이 보인다.

　원주의 강원 감영에 들어가기 위해서는 먼저 동문(수명문), 서문(취적문), 남문(진남문), 북문(공북문) 가운데 하나의 문을 통과해야 하는데, 이때 이르는 곳이 바로 감영의 정문인 포정루(布政樓)이다. 그 다음에는 중삼문이라 하는 두 번째 문이 있는데 그곳엔 관동관찰사영문이라는 현판이 있다. 그 다음에는 내삼문이라 하는 징청문(澄淸門)이 있고 그 다음에는 관찰사가 정무를 보던 선화당(宣化堂)이 있다.
　오횡묵 전 정선군수는 서울을 오갈 때 이곳에 들러서 관찰사를 뵙고 지역의 일을 보고하러 다녔다. 특히 관아를 비우는 동안에는 인근 영월이나 평창의 군수를 겸직하는 발령을 받도록 하는 절차를 거쳤다. 보통 하루나 이틀을 객사에서 묵은 후에 이동하였지만 한 번은 감영에 들르지 않고 횡성을 거쳐 바로 간 경우도 있었다.

　원주 감영에 도착하여 기념 촬영을 하면서 문화해설사 분과 의견도 나눈다. 문화해설사의 이야기를 들으면서 우리도 모르게 빠져들었다. 마치 할머니의 옛날 이야기를 듣는 어린 아이처럼 우리는 넋을 잃고 이야기에 심취했다. 서로 담소를 나누는 사이에 우리도 모르게 시간은 너무도 빨리 지나갔다. 서울까지 아직도 갈 길은 멀고 겨우 중간쯤밖에 못 왔는데 말이다. 결국 우리는 담소를 그만두고 다시 길을 떠나야 했다.

　그 사이에 이재열 답사팀장은 길거리에서 만났던 언론사와 다시 합류하여 인터뷰를 하느라 바쁜 모습이다.

선화당 옆에 마련된 강원 감영 사료관에 들른다. 이곳에 원주 감영의 옛 모습을 재현해 놓고 각 기록물과 발굴 유물도 함께 전시해 놓았다. 그런데 놀랍게도 정선총쇄록에 대해 정리된 기록이 바로 여기에 전시되어 있다.

특히 오횡묵 정선군수의 원주 감영에 관한 기록도 함께 전시되어 있는데 대부분의 배치도가 정선총쇄록 기록에 의한 것이라 한다. 참으로 오횡묵 군수와 정선총쇄록은 우리 고장의 자랑스러운 보배라는 생각에 가슴이 뭉클해진다. 이런 기록들을 오랜 세월이 지나 우리가 다시 볼 수 있다는 사실에 정말 감사하다. 기록의 소중함을 다시 한 번 깨닫는 순간이다.

처음에 들어갔던 것과 달리 역순으로 나오는 내내 오횡묵 군수의 생각으로 머릿속이 가득 찼다. 우리가 이 여정을 시작한 순간부터 계속 오횡묵 군수와 같이 가는 느낌이다. 처음 길을 떠나 둘째 날 힘들게 올랐던 벽파령 무인지경(無人之境) 길에서 일행은 넷뿐이었는데, 마치 한 무리의 사람들과 함께 오른 것처럼 여럿이서 올라갔던 느낌이었다. 총쇄록 기록에 등장하여 그곳을 함께 넘던 사람들이 모두 시대를 초월하여 우리를 지켜주는 듯한 느낌이 든다.

포정루를 나와서 원일로를 따라 위로 올라가면 오른쪽에는 중앙로 문화거리가 있다. 잠시 후에 원주 자유시장 건물 앞으로 방향을 바꿔 원주천 방향으로 나가 점심을 먹을 식당을 찾는다. 모두가 폭염 가운데 먼 길을 고생하면서 왔다며 영양 보충이 절실하게 필요하다는 의견을 낸다. 우리는 결국 보신탕을 먹기로 결정을 내린다. 박종만 대원도 의기투합하여 주변의 상인들에게 물어가며 보신탕집을 수소문한 끝에 적당한 곳을 하나 찾아서 자리를 잡는다. 그 근처에서는 나름 유명하다는 장수영양탕에 들어가기로 하였다. 그곳에 들어서기만 했는데도 벌써 기운이 솟는 것 같다. 다른 이들이 먹는 모습을 보니 식욕을 참기가 힘들다. 잠시 후 식사가 나왔고 우리는 말도 하지 않고 허겁지겁 먹기 시작했다. 얼굴엔 웃음꽃이 절로 피어난다.

점심을 먹는 사이에 병원에 있는 아내를 간호하기 위하여 원주에 와 있던 동료 직원 조형식(일명 조 박사)이 급히 위문을 왔다. 자두와 요구르트를 비닐봉지에 사들고 와서 하나씩 나누어 주고 우리의

안전을 빌어주었다. 그의 이 소박한 격려는 우리에게 정말 큰 힘이 됐다. 자두 하나, 요구르트 한 개가 우리의 발걸음을 더욱 경쾌하게 만들어준다. 우리는 다시 길을 떠나면서 함께 조형식의 부인인 이정순 씨가 얼른 일어날 수 있기를 빌며 걷겠다고 그에게 격려의 메시지를 전한다.

원일로로 다시 나와서 계속 북쪽으로 향하여 원주역 방면으로 간다. 그런데 해가 너무 뜨겁다. 시내 중심부로 갈수록 오히려 더 열기가 강해진다. 그래서 우리는 건물의 그림자가 있는 쪽으로 피해서 걷는다. 지금의 학성동 지역은 유문리, 유문점으로 기록되어 있고 유문길로도 되어 있다.

원주역 사거리, 단계 사거리, 점말 사거리, 청골 사거리까지 오는 동안 더위로 인한 여러 가지 불편함이 뒤따르기 시작한다. 먼저 바지 속으로 땀이 흘러서 옷감에 닿는 부위에 쓰라림을 느낀다. 그래서 걷다가 멈추고 파우더를 한 줌씩 집어서 바지 속에 뿌리며 간다. 이곳까지는 날씨가 더운 것만 빼고는 그래도 보행자 도로가 잘 조성되어 있어 안전하고 수월하게 나아갈 수 있었다. 행인들도 많은 도시라서 지루하지도 않았고 식당에서 풍기는 음식 냄새나 상가에서 들려오는 음악 소리에 발걸음까지 가볍게 했던 구간이었다.

그런데 이제부터가 문제인 것 같다. 사전 답사 때 두 번 정도 지나면서 조사를 해도 이 42번 국도를 대신하여 걸을 만한 안전한 길은 없었다. 지도를 찾아봐도 답사를 해 보아도 결국엔 찾을 수가 없었다. 기록대로 새말에서 원주까지 42번 국도를 따라 왔듯이 원주에서 안창까지도 기록대로 따라갈 수밖에 없는 상황이다. 원주 시내에서 계속 이어지는 도시 구간인데도 불구하고 여기서부터는 보행자 도로가 없고 갓길도 불확실하여 쉽지 않게 됐다. 가장 위험한 구간이 오늘 오전에 걸었던 학곡 삼거리에서 화장장까지 그리고 이곳부터 사제 사거리에 이르는 구간이다. 다시 긴장이 되기 시작하지만 어떻게든 헤쳐 나아가야 하기에 분홍색 수건을 앞에서 나풀거리며 간다. 우리의 안전을 기원하며. 원주를 걷다 보니 또 아쉬운 점이 생긴다. 원주시 정도의 시세(市勢)이면 보행자 도로나 자전거길을 연결해도 충분할 텐데, 왜 그렇지 않을까 아쉬운 마음을 금할 길이 없다. 차라리 다른 곳에 있는데 우리가 찾지 못했다면 좋으련만.

　버스 승강장에는 탑승객들이 대기하는 곳의 일부 면적만 보도블록을 쌓아 놓았다. 그렇게 되면 다른 보행자들이 걸을 때 불편함이 따른다. 행여나 시각장애인들이나 노약자들이 걷다가 다치면 어쩔 것인가. 이렇게 우리 주변에 사소한 불편함이 도사리고 있다는 것을 걸으면서 많이 깨닫는다. 모든 길에 보행자 도로가 연결되기를 빌며 우리는 다시 걸어간다. 청골 사거리를 지나 만종 삼거리까지 42번 국도변은 공업화와 도시화를 겪어 아직 개발 중인 지역과 경제가 살아 숨쉬는 지역이 혼재되어 있다. 정선 같이 작은 지역과는 비교할 수 없다. 역시 큰 곳일수록 이러한 현상은 심화될 수밖에 없나보다.

웬만한 차량들은 고속도로 이상의 속도를 낸다. 갓길로 걷다가 대명교 다리에 이르러서는 왼쪽으로 난 옛 국도를 택하였고 우리는 중앙 고속도로 그늘 아래에서 잠시 휴식을 취한다. 주변에 둘러싸인 축산 시설로 인해 냄새도 심하고 파리들이 들끓는다. 머리가 아플 지경이다. 그렇지 않아도 힘든 와중에 이런 것까지 더해져 우리는 예민해질 대로 예민해진다.

아마 도로 좌측의 언덕 사면 위에 오래된 건물들이 양계장으로 사용돼서 그런 것 같은데 직접 살펴보지는 못했다. 이곳은 지금까지 보아왔던 도시나 농촌의 정돈된 모습은 찾아볼 수 없고 개발이 한창인 지역과 전통 마을이 병존하는 지역 같다.

그 때문에 서정적인 느낌을 주는 만종 삼거리나 만종초교, 만종역 삼거리의 모습을 찾아보기는 어렵다. 특히 교통의 요충지인 만종역이 있던곳이기 때문에 지금도 길이 아주 복잡하다. 보이는 곳 모두가 도로와 기업의 간판과 건물들 그리고 시공 중인 현장들 투성이다. 한적했던 만종초교 운동장은 주변 공사장에서 들려오는 소음 때문에 방음벽으로 단단히 막아 놓았다. 이곳을 지나 학교에 다니는 아이들이 심히 걱정스럽다.

참을 수 없을 만큼 너무 더워서 만종역 삼거리 앞의 편의점에 들어가 아이스크림을 하나씩 물고 물도 사서 보충한다. 화장실이 없어서 오는 내내 참았던 볼일도 한꺼번에 다 해결하고 에어컨 바람이 나오는 시원한 가게 안에서 잠시 쉬면서 충전을 한다. 마치 에어컨 바람을 처음 쐬는 사람들처럼 우리는 편의점에서 발걸음이 떨어지지 않는다. 편의점이 이렇게 아늑한 공간이었다니. 밖을 내다보니 아스팔트 위에 아지랑이가 이글거리는 것이 눈에 보인다. 쉽게 나갈 엄두를 못 내어 서로 눈치를 보지만 시간은 벌써 오후 중턱을 지나 버린다. 간현에서 숙박을 할까 안창에서 숙박을 할까 고심하면서 다시 길을 재촉한다.

간현에서 자면 강을 따라 올라가야 하는데, 지도상에는 길이 없는 것 같아 기록을 따라서 안창리를 거쳐서 가기로 한다. 42번 국도 4차선 위인 만종교 역시 보행자 도로가 없다. 왼쪽 길로 갔다가 사제 사거리에서 횡단보도가 없으면 건너지 못할까 두려운 마음이 들어 그냥 이곳에서 길을 건너 우측으로 걷는다. 멀지 않은 저 앞쪽에 사제 사거리 신호등이 보인다. 그곳부터는 옛 국도로 한적하게 걸을 수 있어 안전하고 편안한 길이 시작된다. 사전 답사 때 확인한 구간이다. 다시 확인한 곳에 오니 조금 안심이 된다.

여기에서 시도인 보통로를 택하여 간현 방면으로 내려간다. 교차로 근처에는 보행자 전용 갓길과 횡단보도 등이 있지만 다소 위험하게 배치되어 있어 조심해야 하는 곳이다. 옛 국도를 시도로 관리하는 보통로는 서곡천을 끼고 도는데, 강 건너 광터 사거리와 연결하는 도로 공사의 한창 진행되는 중이다. 서곡천을 따라 내려가니 보통리 광터(廣墟)마을이 나온다. 마을 입구에 광터 표석이 있는데 뒷면에 새겨진 마을 실천 덕목이 재미있다. "과음 안하기, 충동구매 안하기, 검소하게 생활하기" 22년 전인 1992년에도 여전히 남편은 과음을 했고 지금처럼 홈쇼핑이란 것이 없었을 시대인데도 아내는 충동구매를 했었나 보다. 이 문구를 지금 현재도 각 가정이나 마을 입구에 가져다 놓아도 될 듯하다. 이곳에서 왼쪽으로 가면 강 건너 광터 교차로로 가는 길이고 오른쪽 88번 지방도로 가면 간현역 쪽으로 가는 길이다.

이 길이 질마재로라는 도로명이 붙은 것으로 보아 기록에 나오는 안현(鞍峴, 鞍 : 안장 안. 말이나 소의 안장을 우리말로 질마라고 표현함)을 이곳으로 보아야겠다. 여기서 우리는 그대로 광터경로당을 지나서 보통로를 따라 계속 직진한다. 자칫하면 너무 많이 돌아갈 수 있기 때문이다. 보통 삼거리를 지나 고갯마루에서 휴식을 취한다. 지금은 피로회복제가 필요한 시간이다. 정말 피로회복제의 효용이 실감나는 며칠이다.

바로 옆의 42번 국도는 차들로 넘쳐나는 반면에 이곳은 차량이 별

로 없어 한적하다. 동화역(만낭포)에 도착하니 이곳에도 등산객처럼 보이는 아주머니들과 아저씨들이 보인다. 겉보기에는 아담하고 작지만 아기자기하고 깔끔하게 생겼다. 역 앞 마을에 아주 오래 되어 보이는 가게가 한둘 있다. 어려서 송방이라 부르던 점포다.

 만낭포 1길을 택하여 마을로 들어간다. 딱 보기에도 오래돼서 활기가 없어 보이는 것이 예전의 번성했던 길목마을 상황이 지금 안 좋다는 것을 말하기라도 하는 것 같다. 마을 주변에는 꽤나 규모 있는 도로도 있고 철도도 많이 지나가는데 흡사 고립된 섬 같은 마을 느낌이다. 마을 중심부에 몇몇 어른들이 모여 있어 다가가서 인사를 나눈다. 정선에서부터 옛날 고을원이나 관찰사가 지나던 길을 따라서 걷는다고 하니 어르신들이 무척이나 반가워하신다. 좋은 일 한다며 박수도 쳐 주시며 힘껏 격려해 주신다. 괜히 어깨가 으쓱해지며 기분이 좋아진다.

 담소를 나누면서 기록에 있는 작두동을 물으니 바로 건너 마을이라고 하신다. 그래서 고맙다고 인사하고 길을 나서는데 갑자기 한

분이 따라와서 역사에 대해 자세하게 알려 주신다. 이곳은 옛날 나루터였는데 저 밑의 큰 강인 섬강에서부터 여기까지 물이 차올랐기 때문에 배로 건너서 작두동으로 가던 곳이라고 한다. 지금은 소외된 곳이지만 옛날엔 나루터로 번성했던 만낭포 마을이 맞는 것 같았다. 시간이 좀 많았다면 할아버지와 할머니들 손 붙잡고 함께 정선 아리랑도 부르다 올 수 있었을 텐데. 왠지 모를 허전함에 자꾸만 뒤돌아 보게 되는 마을이다.

만낭포 마을을 지나서 지정로를 택하여 동화교를 건넌다. 여기가 바로 작동(작두동)이다. 지정초등학교를 바라보며 나아가다 왼쪽의 왕건로를 택하여 중앙선 철도인 과하교를 지나는데 갑자기 소나기가 쏟아진다. 우리는 곧 다시 쫓겨서 철길 부근의 굴다리 밑으로 소나기를 피한다. 서둘러 비옷을 꺼내 입고 다시 나서는데 소나기는 금

세 또 멈춘다. 날씨가 참 얄궂기도 하다. 그래도 여러모로 비가 그친 게 낫기 때문에 다행이라고 여기며 다시 길을 걷는다.

 서곡천에 이르면 경장교라는 다리가 나오는데 길이 비교적 잘 포장되어 있다. 이렇게 복잡하게 걷는 이유는 4차선 국도변의 위험을 피해서 최대한 안전하면서도 가까운 길을 택하기 위함이다. 여기에서부터 서곡천을 따라 내려가면 섬강과 만나는데, 국토부에서 자전거길 이정표를 세워 놓았다.

 계속 내려가면 한강으로 이어지는 섬강 자전거길이 나오고 섬강을 따라 올라가면 횡성까지 이어진다고 가리키고 있다. 국토부의 세심한 배려에 감사하며 강변 자전거길을 따라 편하게 걷는다. 서곡천과 섬강이 만나는 곳에 이르러 보니 전망이 확 트일 정도로 넓은 곳이다. 아마 예전에 수상교통으로 이곳까지 올라와서 곡물을 운반하고 사람을 실었을 것 같은 느낌을 주는 곳이다.
 안창대교를 곧 만나게 되는데 그 직전에 왼쪽 길로 벗어나 농로를 택하면 안창대교로 연결되는 길이 나온다. 자전거길은 안창대교 밑으로 계속 내려가기만 한다. 이곳은 문막 바로 옆 동네에 동화 농공단지가 있어 번창한 곳으로 정확한 지명은 문막읍 동화리이다. 영동고속도로를 지나면 나오는 문막 근처에서 건등 저수지 간판이 보이는 곳이다. 안창대교를 건너면 원주시 지정면 안창리 마을이 나온다.
 옛날 안창역이 있던 곳인 안창리 마을에서 자려고 하는데 숙박지와 식당을 찾아보았으나 도무지 발견할 수 없었다. 갑자기 우리는 당황하기 시작했다. 혹시 마을 회관이나 교회에서 숙박을 해볼까 했지만 그조차도 쉽지 않다. 생전 그런 일을 해 보지 않아서인지 얘기가 잘 안 된다. 숙소를 구하지 못할 것이라는 생각은 단 한 번도 해 보지 않았다.

예전에 역과 창의 기능을 했던 안창역이 있던 마을이라 내심 기대했는데, 여기에서 좀 떨어진 간현이나 강 건너 동화마을에 상업구역이 형성되다 보니 어쩔 수 없이 그렇게 소외될 수밖에 없었나 보다. 마을 앞에는 섬강과 평야, 뒤에는 산과 언덕이 있어 조망도 좋고 풍요로운 느낌을 주는 곳이다.

이곳은 서울로 가는 길목이기도 하여 예전에는 꽤 살 만한 곳이었겠다 싶은데 지금은 먹을 곳과 묵을 곳조차 없어 걸어서 찾아가기는 지극히 어렵다. 그래서

차량지원 백호민이 도착해서 일일이 마을을 돌며 이곳저곳 알아보았으나 허사로 끝난다. 이미 날은 어두워지고 힘든 여정에 모두들 지친 상태다. 이재열 대장과 대원 모두가 모여서 의논한 결과 모두 차를 타고 거꾸로 다리를 건너서 동화마을 시내에 가서 숙식을 해결하고 아침에 다시 이 자리로 돌아와서 출발하기로 한다.

　이곳은 능촌, 능말이라 불리며 을미의병 봉기 기념탑과 의민 공사우(선조의 장인 김제남의 사당. 인목대비의 아버지), 홍법사지 삼층탑 등이 근처에 있다. 이곳은 비교적 조용한 농촌인데 동화 농공단지 인근 마을은 완전히 도시다. 화려하게 펼쳐진 아파트, 마트, 상가, 숙박 시설 등에 크게 놀란다. 더위에 지친 몸을 이끌고 저녁식사를 하기 위해서 밤나무집 영양탕으로 들어간다. 체력을 보충하기 위한 메뉴로 안성맞춤이다.

도심을 통과하느라 가장 애쓴 오늘 하루를 마치며 한 잔 술로 피로를 푼다. 역시나 모두 물집과 근육통을 호소한다. 일찍 숙소에 들어가 빨래하고 씻고 말리고 발바닥 물집을 찢어 구멍을 뚫어 물을 빼는 등 분주한 모습이다. 순식간에 법석을 떨고 난 후에 곧바로 곯아떨어진다. 지금까지 정확히 반 정도 온 것 같다. 체력이 많이 남아 있으면 한 잔 더 하고 자자고 할 텐데 감히 아무도 더 먹자는 말이 없다. 그리고는 일찍 자리에 누워 각자의 SNS에 오늘의 여정을 올리면서 일기를 쓰는 모습들이다.

오늘 걸어온 길을 돌아보면 참으로 힘들고 위험한 구간의 연속이었던 것 같다. 시작이 반이라 했는데 어느덧 반절이나 왔으니 사실상 다 온 거나 마찬가지라고 믿고 싶다. 이제는 가는 곳마다 우리의 여정을 이야기하면 사람들이 크게 놀라면서 정말 정선에서부터 걸어왔냐고 묻는다. 그리고 전화로 인터뷰를 요청하거나 보도 자료를 달라고 하는 취재팀들도 정말 걸어서만 가냐고 다시 한 번 묻는다. 걷는 우리도 그렇지만 묻는 그들도 좀 황당하기는 할 것이다. 젊은 대학생들도 힘들어 할 거리를 나이든 사람들이 걸어서 이동하다니. 누가 봐도 무모한 도전이나 마찬가지일 테니 쉽사리 믿기지 않는 것도 당연하다. 지금은 4일차, 정확히는 3일 반의 여정을 마친 것이다.

🏛 2014. 6. 23. 07:33 다섯째 날

날짜가 지나갈수록 아침이 점점 더 힘들어지는 느낌이다. 어제까지는 종아리와 허벅지에 근육이 아플 정도로 당기고 알이 배어서 상당한 통증이 있었지만 이젠 적응이 되었는지 없어져서 괜찮아졌다. 하지만 발바닥의 고통은 배가 되는 듯하여 이전보다 더 기력이 쇠해진 느낌이다. 물집이 생긴 부위에 구멍을 내 물이 흐르도록 하고 메디폼과 스포츠 밴드를 주변에 붙여 더 커지지 않게 한다. 그렇게 응급조치를 해도 걸을 때마다 발바닥의 통증은 가시지 않는다.

아침식사는 숙소 바로 앞에 있는 설렁탕집에서 서둘러 끝낸다.

어제는 원주의 도심과 위험한 4차선 도로를 걷느라 심신이 매우 지쳐 피로해졌고 생각보다 많이 걷지 못한 관계로 오늘은 좀 더 서둘러야 한다. 오늘은 어제에 비해 비교적 무난한 88번 지방도와 한적한 논둑길, 마을길 등을 걸으면 된다. 날씨만 받쳐주면 가장 여유롭게 많이 걸을 수 있는 조건이다.

차량지원 백호민이 오늘 출발하는 안창리 능말 어귀에 휭하니 내려주고 기념 촬영을 하고는 사라져 버린다. 그도 공무원인지라 군청으로 서둘러 출근해야 하기 때문이다.

어제 저녁에 도착했던 그 지점에서부터 다시 출발이다. 능촌 삼거리 왼쪽에 있는 88번 지방도를 따라간다. 오른쪽으로 가면 간현 관

광지가 있는 지정면으로 해서 원주로 들어가는 길이 나온다. 오늘은 편안하게 시작하라는 것이 하늘의 뜻인지 벚나무가 예쁘게 펼쳐진 한적한 길을 따라 여유롭게 걷는다. 도로 옆에는 시냇물이 흐르고 좌우에 기암절벽이 늘어져 있어 누가 봐도 자못 탄성을 금치 못할 절경(絕景)이 펼쳐진 협곡이다. 오토 캠핑장도 지금 한창 공사 중이다. 다음에는 가족들과 친구들과 놀러와야겠다고 다짐을 한다.

딱히 큰 마을은 없고 간간이 농사짓는 집이 드문드문 보이는데, 계단식 논밭이 자주 눈에 띄는 한적한 곳이다. 그런데 이때 예기치 못한 일이 발생하기 시작한다. 기록홍보 조성윤 대원이 갑자기 근육통 증세가 심해져서 걷는 데 지장이 생긴 것이다. 아무래도 인대가 놀란 것 같다.

그래서 보폭을 스스로 조절할 수 있도록 맨 앞에 세웠는데 도리어 부담감에 통증을 무릅쓰고 너무 빨리 걷는다. 잠시 후에 오크 밸리로 통하는 판대리로 가는 도로가 나와서 우리는 고민하게 된다. 판대리로 들어가면 물길 옆으로 난 마을길로 걸어서 양동 근처에서 만날 수는 있지만 우리는 지방도상의 옛 기록을 따르기로 하고 원래 목적지인 대송치를 향해 계속 걷는다. 그러다 이운리라 기록되었던 안창2리 이운동에서 잠시 쉰다. 그리고 이내 송치라 기록된 대송치 고개에 오른다.

드디어 강원도 원주시 지정면과 경기도 양평군 양동면의 경계에 도착한다! 실로 감개가 무량해서 눈물이 나올 지경이다. 걸어서 강원도의 경계를 지나 우리나라 사람의 반이 넘게 살고 있는 경기도 땅에 비로소 들어선 것이다! 감격스러운 마음으로 기념이 될 만한 사진도 찍고 양 지역의 이정표 등도 비교해 본다. 아직도 갈 길이 많이 남아 있지만 경기도에 다다르니 왠지 우리가 뭔가 해낸 것 같은 성취감

이 든다. 그 기분에 절로 다시 힘이 솟는다. 그 후에 얼마를 더 가면 솔치가 하나 더 나오고 솔치 마을이 있다.

총쇄록에는 "두 송치의 사이에는 두 봉우리가 하늘을 찌르고 사방의 산은 험악하였으며, 수목은 꽉 들어차 다만 새소리와 물소리가 들릴 뿐이다. 까닭에 도둑들의 출몰이 잦으므로 행인들은 조심해 다녀야 한다고 하였다. 아! 통탄할 일이다."라고 기록하고 있다. 그야말로 완전히 험한 지역 그 자체였던 것이다.

잠시 쉬면서 한숨 돌린 후 다시 길을 재촉한다. 계속 지방도를 따라 내려가면 삼산2리 솔치 마을에 이르는데 바로 앞의 고개가 또 하나의 솔치인 것이다. 오른쪽으로 난 마을길을 따라가면 중앙선 삼산역이 보인다. 휴식을 취할 겸해서 버스 승강장 그늘에 앉아서 피로회복제를 한 병씩 마신다. 피로회복제를 마시며 몸이 회복될 거라 스스로 주문을 걸어본다. 대원들의 상태를 보니 세 사람은 이미 발바닥에 물집이 생겼고 한 사람은 인대 통증으로 완전히 지친 모습이다. 우리는 험난한 길을 걸어왔기에 어쩌면 당연한 것일지도 모른다. 어제 이곳에 제법 비가 내렸는지 맑고 상쾌한 오전이지만 한낮에 가까워질수록 점점 덥고 뜨거워지기 시작한다.

산을 깎아서 낸 도로의 고갯마루가 꽤 높아 보인다. 절룩거리는 조성윤을 앞세우고 고개를 넘는데 제2영동고속도로 공사가 한창인 현장이 나온다. 까마득한 높이의 교각과 넓게 파헤쳐진 현장을 보아하

니 나들목인가 보다.

　어느덧 장터마을에 이른다. 이곳은 현재는 양동면 단석리, 기록에는 지평읍(砥平邑) 부연(釜沿)으로 나와 있는 곳인데, 여기에서 지평읍과 단석리에 대해 잠시 언급하자면 이것은 지명의 변천을 보여주는 사례이다. 1908년 나라가 패망하기 직전에 지평읍은 지제면으로, 부연리는 단석리로 모두 지명이 바뀐다. 이때는 전국의 행정구역 통폐합 및 지명 재편이라는 국가적 사건이 사실상 일제에 의해 이루어지던 시기였다. 특히 양평군의 역사를 보면 일제에 항거한 을미의병 활동이 크게 일어났던 지역이다.

　지제면으로 바뀐 지명을 계속 써오다가 2006년에 다시 지평면으로 회복하였지만 단석리는 아직도 부연이라는 원래의 이름을 잃어린 채

단석리로 계속 쓰고 있다. 부연리에 관한 표석을 보면 "옛 양동면 소재지 1. 소재지 기간 1870년 이전. 당시 주소 지평현 상동면 부연리. 1872년 전후 소재지는 석곡리 섬실마을. 2. 위치 양동면 단석리 장대마을 일원. 3. 기타 특기사항 장시가 섰고 서울~경북 평해를 잇는 평해로-일명 관동 대로변이었음."으로 화강암에 표기되어 있다.

아마도 단석리라는 지명은 거단이라 부르는 거단리의 단자와 솔석정이라 부르는 송석리의 석자를 취한 듯싶다. 두산백과사전에는 "장대(場垈). 솔석정이 북쪽 마을. 가마못(부연) 시장터가 있어 붙은 이름. 면사무소가 있던 곳으로 현재 체육공원이 신설되었으며, 을미의병의 발상지로 그 추모비가 세워져 있음."이라고 나와 있다. 양평군 양동면의 지명 유래에서는 "의병(義兵)이 1893년 우리나라 최초로 봉기한 고장입니다."라고 적고 있다.

지평현을 지평군으로 승격하여 개편한 것이 1895년이고 1908년에 양근군과 통합하여 지금의 양평군이 되면서 지제면으로 변경한 것이다. 1895년에 일어난 을미사변을 기점으로 의병 활동은 더 크게 일어났고 일제는 지평군과 부연리가 의병의 중심지라고 생각해서 그

본래의 이름을 완전히 없앤 것이라는 생각이 든다. 철저하게 계획적이고 의도적인 정책이었던 셈이다.

　의병 추모비를 확인해 보지 못한 아쉬움이 크게 남지만 그래도 부연리에 대한 표석이 작고 단정한 모습으로 꿋꿋하게 자리를 지키고 서 있어 감사한 마음이 든다. 부연이 어디인지를 찾지 못해 지도와 인터넷을 이리저리 뒤졌는데 이 표석을 보는 순간 모든 것이 명확해져 아리랑 로드가 나아갈 방향을 잡을 수 있었다. 표석이 우리에게 크나큰 수호신이 되어준 것이다.

　부연리 표석 옆에서 우리는 잠시 쉬기로 했다. 함께 정자에서 쉬시던 할머니가 너무나 감사하게도 우리에게 물과 간식을 내주셨다. 아마 몰골이 말이 아니었던 우리가 안쓰러워 보였던 것 같다. 그런데 옆에 위치한 고향 묵집과 쌍둥이 슈퍼는 찾는 사람이 없어 보이는데

아직 이른 점심시간이라서 그런가 보다. 다음에 이 길을 갈 때엔 꼭 저기에서 식사를 해 보아야겠다는 생각을 마음에 간직하며 다시 일어선다. 좀 더 쉬고 싶지만 아직도 갈 길이 멀다. 정자 처마에 보금자리를 마련한 무당새가 새끼 모이를 주려고 벌레를 물고 오면서 지저귀는데 마치 우리에게 빨리 일어서라고 성화를 부리는 것 같다.

    화강암으로 부연리의 유래를 새긴 표석을 보면서 작지만 지역을 살리는 큰 사업이 무엇인지 다시 한 번 생각해보게 된다. 바로 길을 나서니 단석천을 가로질러 단석교를 건너면 단석 교차로가 나온다. 단석 교차로에서 왼쪽으로 계속 88번 지방도를 따라가야 하는데, 오른쪽은 양동면 소재지인 석곡리로 들어가는 길이다.
    이제 11시를 조금 넘겨서 점심시간이 되어 간다. 이곳을 지나면 시화치라는 고개를 넘어야 하는데 그곳에 식당이 있는지는 아직 알 수

없다. 만약 식당이 없다면 상당한 낭패다. 모두의 의견이 일치하여 조금 점심을 앞당기기로 결정한다. 하늘이 돕는지 길옆에 있는 활거리 보신탕이 이곳에서 토박이라는 것을 자랑이라도 하듯 우리에게 손짓한다. 박종만 진행대원은 들어서자마자 "특으로 네 그릇."을 화끈하게 외친다. 힘들게 걸어서 온 만큼 몸보신을 할 생각에 설레는 이 마음은 왜일까!

여기는 상당히 유명한 집인가 보다. 여사장님의 동작 하나하나가 투박한 듯하면서도 섬세하고 간결함이 있어 다시 보게 된다. 목소리에서도 상당히 오랜 기간 이곳에서 음식을 해온 사람답게 속에서부터 무게감이 묻어 나온다. 다음에는 전골을 시켜놓고 술 한 잔 제대로 기울여 보자는 생각을 하며 식사를 하는데 벌써 그릇의 바닥이 보인다.

한낮이 되어 조금 뜨겁긴 하지만 아직은 땅의 열기가 그리 달아오르지 않아서인지 그런대로 걸을 만하다. 식당을 나와서 제방둑길을 따라 시화치로 올라 곧 아스팔트 지방도로 나오니 여기서부터 제법 열기가 올라 뜨겁기 시작한다. 단석2리 마을에서 송석정, 솔석정이라 부르는 곳으로 도로변 이정표를 지난다.

오전에 앞장세웠던 조성윤을 이제는 뒤에 세워서 걷게 한다. 조성윤 대원이 앞에 서면 대원들을 향한 부담감 때문에 도리어 무리할 것만 같아서이다. 그래서 머나먼 길을 계속 걷기 위해서는 별로 좋지 않은 방법이라 판단하고 전략을 수정하여 다시 뒤에 세운다. 하지만 걸음이 영 신통치 않아 점차 뒤처지는데 달리 방법을 찾을 수가 없어 답답하다. 오전 내내 스스로 보폭을 조정하면서 걸어 보아도 도저히 안 되는 것을 보니 아마 근육통에 시달리면서 기력도 함께 떨어진 것 같다. 매우 난감한 상황이다.

게다가 오늘의 목적지인 용문에 가지 못할 것 같은 생각이 자꾸 드는데 누구 하나 할 것 없이 발에 물집까지 잡혀서 빨리 가라고 재촉할 수도 없는 노릇이다. 결국 맨 앞에서 길 안내와 진행 대원이 좋은 길을 찾으면서 속도를 내어 걷고 이재열 대장이 뒤처지는 조성윤 대원을 도와 가면서 함께 따라오는 방식으로 계속 걷기로 한다. 단석3리(거단)를 표시한 표석을 지나니 서화고개에 이른다. 기록에는 시화치(時化峙)라 나온다.

이곳은 양평군 양동면과 여주시 북내면 경계다. 하지만 이 고갯마루의 아름다웠던 정취도 이곳을 가로지르는 제2영동고속도로 공사로 인해 지형이 변해가고 있었다. 참 안타까운 광경이었다. 이렇게 우리는 '편리'라는 것을 얻기 위해 너무나 많은 것을 놓치고 있지 않는지 다시 한 번 생각하게 되었다.

기록에서는 "더부룩한 야초의 연하속이오, 빽빽한 송림의

일영중이라(천천야초연하리 밀밀송림일영중, 芊芊野草煙霞裡 密密松林日影中)"라고 적고 있다. 하지만 그때 있었다는 여막은 이제 흔적조차 찾을 수가 없다. 물 맑은 양평을 뒤로하고 이번엔 쌀 산업의 특구 고장인 여주로 들어간다. 여주시에 들어서니 서화마을의 이정표가 우리를 반기며 서 있다. 서화마을은 왜 시화치로 기록된 것인지 계속 의미를 생각하면서 걷는다. 온라인에서 검색을 해보면 서원리는 서화(西化)마을, 서화고개의 서자와 원(院)골, 원곡의 원자를 합쳐 부르게 되었다고 나온다.

고개를 넘으면 나오는 작은 쉼터의 그늘에서 좀 쉬면서 아무리 기다려도 고갯마루에 대장 일행 둘이 안 보여서 걱정이 된다. 생각보다 많이 뒤처져서 따라오는가 싶다. 내리막길이라 좀 수월하게 걸어와서 서화마을을 지나 원골(원곡)에 이르기까지 지방도 이외의 다른 도로는 찾을 수 없다. 원골(원곡)을 지나면서는 도로변에 보행자 도로가 설치되어 안전하게 주암리 하천 건너편까지 이어져 있다. 원골마을을 지나는 곳에는 버스 정류장과 마을 안길이 오른쪽으로 쭉 뻗어 있는데, 뒤에 떨어진 대장 일행에게 이곳이 지름길이라고 알려준다.

주암리 본동에는 지방도 사거리가 있고 오래된 가게들도 간간이 보인다. 뒤처진 일행을 기다리면서 휴식을 취할 겸 할머니들 셋이 앉아있는 가게 들마루에 함께 걸터앉는다. 배낭에서 과자와 술을 꺼내 놓고 안주는 근처 가게에서 소시지 종류로 샀다.

우리가 가지고 있는 과자는 할머니들에게 드리면서 아리랑을 아시냐고 물으니 아신단다. 낯설어서인지 할머니들은 말을 꺼리지만 방송에 자주 나오는 아리랑이냐고 하니 그것도 알지만 어릴 적부터 부르던 아리랑도 안다고 하신다. 그제야 말문이 트이시는 모양이다. 정선을 아시냐고 하니 세 분 모두 합창하듯 아신다고 한다. 아마 이 할머니들이 알고 있는 아리랑은 정선아리랑처럼 한의 정서를 사설하듯이 풀어내는 것 같아서 굳이 함께 부르자고 하지는 않았다.

모처럼 송방에서 친구들과 담소를 나누는 할머니들을 방해하지 않기 위해 우리가 먼저 일어났다. 의아해하는 표정을 지으시면서 진짜 정선에서 왔냐고 서울까지 갈 거냐고 걱정스레 물으시는데 순간 우리 할머니와 어머니가 생각이 나서 울컥하게 된다. 배웅하는 할머니들 손에 화답하면서 걷다가 '대원여객 주암영업소'라는 색 바랜 버스 매표소 간판이 눈앞에 아른거린다. 이것은 작고 오래된 가게의 문기둥에 붙어 있었다.

여주군 북내면 주암(晝巖)리는 한자가 화암(畵巖)과 비슷하여 옆의 기록 수행원이 잘못 전달해서인지 화암으로 기록된 것 같다. 우리로서는 참으로 의아할 따름이다. 검색을 해보면 모두 하나같이 주암리는 마을학교 뒷산에 죽바위가 있어 주암이라고 유래했다고 나온다. 가게에서 나와서 대신면 방면으로 나 있는 88번 지방도가 아닌 지평 및 용평 방면의 북쪽으로 지방도 345번을 택하여 간다. 조금 걷다 보면 제방길이 잘 나 있는데, 원골로 다시 건너가는 원골교를 건너서 제방길을 따라가니 모처럼 벌판길을 아주 여유롭게 휘적휘적 걷을 수 있어 간만에 수월하게 걷는 편안함을 느낀다. 저 멀리 보이는 뒤처진 일행에게 손짓도 하고 전화도 하면서 제방길을 택해 가로질러 오라고 알려주고 기다린다. 통증을 참으면서 한걸음, 한걸음 힘겹게 걸어오는 조성윤 대원이 매우 지쳐 보인다.

이곳은 모절리로 기록된 못저리 마을로, 양평군 지평면 일신리 와 여주군 북내면 주암리, 서원리 세 마을의 경계이다. 서원리 다락골을 지나 금당천을 왼쪽에 두고 마을길과 제방길을 번갈아가면서 호젓한 길을 걸어오면 못저리(모절리)에서 모두 만나게 되어 있다. 이렇게 길이 통한다는 것이 신기할 따름이다. 널찍한 제방길이 제법 여유로워서인지 하천의 물도 아주 맑고 마을도 모두 풍요로워 보이는 느낌이 들어 덩달아 편안해진다.

왼쪽의 345 지방도를 바라보며 지산4교를 지나 금당천 제방길을 계속 오르다 보니 강 건너 숲 속에 천렵꾼들도 함께 보인다. 연기가 오르는 것으로 보아 장작불에 어죽을 끓이고 돌판에 삼겹살을 굽는 모양이다. 재미있는 풍경이라 우리도 함께 들어가 보고는 싶으나 아픈 발바닥으로 가야 할 길이 멀어서 호기심을 누르고 애써 외면한다.

이때 제방에서 갑작스럽게 예고 없이 두 어르신네를 만나게 되었는데 뭔가 묘한 느낌이다. 한 분은 동네분인 듯하고 한 분은 외지분인 것 같은데, 아마 앞선 분이 길을 안내하는 듯싶다. 수인사를 건네면서 정선을 아느냐고 여쭈니 자주 가 봐서 잘 안다고 웃으면서 말씀하신다. 너무나 반가운 마음에 정선 아리랑을 아느냐고 또 여쭈니 아라리 역시 잘 안다고 하시며 매우 반가워하신다.

  우리는 정선부터 걸어서 서울까지 간다고 하니 젊은 사람들이 좋은 일 한다고 하시며 격려해주신다. 그러면서 갑자기 벌판이 떠나가라 "눈이 올라나 비가 올라나 억수 장마 질려나." 정선아라리를 한 곡조 차지게 뽑으신다. 우리는 서로 얼굴을 쳐다보며 말을 잇지 못한다. 정선아라리. 집에서 멀리 나왔는데도 길에 새겨져 있다.
  논두렁 어르신네의 걸진 아라리의 감격도 잠시뿐이다. 제방길이 끝나자 폐쇄된 옛 중앙선의 구둔역에 못 미치는 금당교에서 345 지방도로 나와 걷는다. 여기서부터는 자동차도 각별히 신경 써야 하고 아픈 발바닥도 살펴 가면서 긴장하면서 안전에 기하여 목적지인 용문이나 지평까지 가야 한다. 일단 지방도를 만나는 버스 승강장에서 짐을 풀고 남아 있는 소주와 맥주를 꺼내 한두 잔씩 나눠 마신다. 알

코올은 고단한 길을 가는 우리에게 있어 피로회복제이자 마취제 역할을 한다. 공사장 막일을 하시는 분들이 매일 술을 드시는 이유를 이제 조금은 알 것 같다.

이젠 해도 좀 져서 더위도 많이 수그러든다. 속도도 내야 하기 때문에 초코파이와 연양갱, 초콜릿과 사탕을 먹어서 칼로리도 보충한다. 아마도 이제부터는 계속 오르막길이 시작되는 듯하다.

예전에는 일신 보건지소와 기차역이 있었던 것으로 보아 꽤 큰 동네로 보인다. 예상대로 일신2리 구둔마을을 지나면서부터는 그다지 억세지는 않아도 오르막길이 계속된다.

무왕리라는 지명은 1914년 행정구역 통폐합에 따라 상초리, 하초리, 초왕리, 무촌리를 합쳐 무왕리라고 했던 것에서 유래되었다고

한다. 아마 무촌(茂村)리의 무(茂) 자와 초왕(草王)리의 왕(王) 자를 취하여 무왕리라고 한 것 같다. 모두 풀과 나무가 우거진 것과 관련된 지명으로 보인다.

마침 무왕2리 거치리, 초왕골을 지난다. 중앙선 폐철도를 철거하는 것으로 보아 이제 변화가 막 시작되는 마을이다. 6·25 때 유엔군으로 참전한 미국과 프랑스 병사들이 한국군과 함께 이곳 철도의 쌍굴을 두고 전투를 하였다는 기념탑과 작은 공원도 찾아볼 수 있다.

경사지고 구불구불한 도로를 계속 오르는 사이 갑자기 조성윤 대원이 보이지 않는다. 이재열 대장이 그를 챙기면서 보조를 맞추느라 덩달아 보이지 않는다. 오늘은 온종일 2명씩 나뉘어서 숨바꼭질 하는 것 마냥 보폭을 조절하며 여러모로 애쓰는 날이다. 앞으로 한참을 더 올라야 전양고개(견양현)에 이를 텐데 벌써부터 걱정이다. 걷고 또 걸어 올라서 무왕1리 초내 갈림길에 이른다. 왼쪽으로 난 큰길로 지방도를 계속 따라가야 하는데 표석에 새겨져 있는 마을 이름이 초천(初川)이다. 지명의 유래를 보니 풀 초(草) 자를 써서 초내(草川)라 하였다는데 의미가 난해하여 다소 혼란스럽게 다가온다.

고개 밑의 마을 어귀에 있는 버스 승강장에서 잠시 쉬어가기로 한다. 멀리 뒤처진 두 사람을 기다려서 함께 고개를 넘어야 한다. 전화를 해 보니 많이 힘들기는 하지만 그래도 어떻게 오고는 있단다. 다행히 근육이 조금 당겨서 그렇지 우리처럼 발에 물집이 생겨서 지장이 생기지는 않은 모양이다. 잘만 회복되면 내일은 이전처럼 정상적인 보행을 할 수 있을 것이라 기대해 본다. 해는 얼마 안 남았는데 뒤처진 일행은 오지 않아 괜히 초조해지고 마음은 무거워진다.

이때 차량을 지원하는 백호민에게 연락이 온다. 근처에 도착했다고 한다. 거리상 오늘은 지평에서 묵어가야 하기 때문에 지평역이나 시장 근처에 가서 미리 저녁식사 장소와 숙소를 좀 잡아 달라고 부탁하는 사이에 뒤처진 두 사람이 드디어 합류한다. 뭐라 서로 할 말이 없지만 그저 이만큼 함께 온 것만 해도 대단할 뿐이다. 이제 마지막 남은 혼신의 힘을 다하여 눈에 보이는 전양고개(견양현)를 향하여 다 같이 힘차게 오르기 시작한다.

해는 이미 넘어가버린 상태이고 석불과 지평은 저 멀리 내려다보인다. 그래도 내려가는 길은 좀 수월하여서 다행이다. 중앙선이 직

선화되고 예전의 노선이 정리되면서 도로와 역사도 모두 새로 지어졌다. 차례로 망미1리 절운마을, 석불역, 망미2리 바깥 섬부리(삼부)를 지난다. 고가도로 왼쪽 옆으로 난 샛길을 따라가다 철도 밑을 통과하는 지하통로를 거쳐서 석불역 구내로 나온다.

이곳은 주민들의 편의를 위해 설치한 통로길이다. 예전에 이 길을 통해 군 생활 내내 훈련을 다녔던 시절을 회상하는 김수복 길 안내의 표정이 그리 밝지만은 않다. 아마 예전에 자신이 기억하던 그곳의 모습이 거의 없어져 버렸기 때문인 것 같다. 장난감처럼 이국적 모습으로 지어진 석불역이 특이해서 눈에 띄기는 하지만 육군 제20사단 31전차대대 훈련 때 보았던 다정한 모습의 석불역이 아니라서 매우 섭섭하다는 얘기다.

길을 재촉하여 지평천을 따라가니 이제는 서서히 내려가는 지형이 나온다. 월산 저수지를 지나보니 이곳도 정선만큼이나 산골짜기나 마찬가지다. 주암리 인근의 들판을 지난 이후로는 산이 정선만큼 높고 크지는 않지만 보이는 곳 모두가 산과 밭 천지이고 논은 잘 안 보인다. 지평면 소재지에 이르니 해는 완전히 넘어가 어둠이 내리기 직전이다. 해가 가장 긴 하지 무렵이지만 그래도 밤은 어김없이 찾아왔다.

시내 한복판에 세워진 '국맥 지평의병 발상지' 표석, '옛고을 지평' 표석, '의병의 고장 지평' 상징 조형물이 모두 한곳에 서서 고을의 역

사를 증명하듯이 지키고 서 있다. 그곳은 바로 지평 면사무소 정문 앞이다. 장터국밥거리에 들어서면 보이는 가게에서 오늘의 여정은 마치기로 한다. 주인아주머니와 마실 나온 아주머니와 아저씨에게 정선 이야기를 하니 역시나 잘 아시는 눈치다. 이곳까지 걸어왔다고 하니 눈이 휘둥그레지시면서 크게 놀라신다. 자기가 조금만 젊었다면 함께 하고 싶다는 열정을 내비치시면서 주변 설명을 해 주신다. 예상치 못한 팁에 이곳을 들르길 잘했다는 생각이 든다. 간략한 설명을 듣고 나서 내일 아침에 들른다고 하고 가게를 나선다.

　그곳에서 떨어진 곳에 있는 마트에 잠시 들러서 허기진 배를 빵으로 간단히 때운다. 저녁을 먹기 전에 너무 허기질까봐 조금 배를 채워두는 것이다. 간단히 때운다고 먹은 빵에 계속 손이 간다. 오늘은 예정보다 좀 무리해서 걸었기 때문에 허기가 더 심한 거 같다.

고개도 대송치, 송치, 서화고개, 전양고개 등의 네 개를 넘었다. 차량지원 백호민이 운전하는 차를 타고 용문 방면 아사달 숯불 돼지갈비에서 저녁을 먹는다. 원래 식사하는 시간만큼은 화기애애해졌는데 그날은 다들 표정이 밝지가 않았다. 무리하여 걸었기 때문에 너무 힘이 드는 데다가 발에 통증까지 있으니 다들 말수가 적은 것도 당연하다. 다들 조용히 식사를 마쳤다. 술도 내일을 생각해서 적당히 조절할 수밖에 없다.

저녁밥을 먹고 나니 벌써 열 시가 다 되어 간다. 다시 차를 타고 프로파크 모텔로 이동하여 여장을 푸니 어느덧 열시 반이다. 신속히 빨래와 옷가지를 정리하고 왔는데 방 안이 조용하다 싶어 살펴보니 모두 이미 잠들어 있다. 그만큼 모두에게 힘든 하루였던 것이다. 이제 우리의 온몸이 여정이 힘든 정도를 설명해주고 있었다.

🌀 2014. 6. 24 07:55 여섯째 날

지평면은 의병의 고장이다. 우리나라 최초로 1895년에 을미의병이 봉기하였다는 역사를 바탕으로 하여 표석과 도로명에 의병을 표시하였다. 그런 지평군이 1908년에 지제면으로 일제에 의해 개편되었다가 2006년에 다시 본래의 지명인 지평면을 회복하였다. 일본의 행정구역 통폐합과 지명 변경에는 분명히 우리의 정기를 말살하려는 악랄한 의도가 숨어 있었다. 그러한 의도에 의해 그때 바뀐 지명을 몇몇 마을을 제외하고는 아직도 대부분 그대로 쓰고 있는 현 상황을 우리는 다시 한 번 생각해 보아야 할 것이다. 무촌리, 초왕리를 무왕1리, 2리 등으로 한 것처럼 고유의 지명을 회복해야 할 지명은 무척 많이 있다.

다섯 시 반에 일어나 새벽부터 부산을 떨며 이것저것 준비를 마친 뒤 숙소를 나선다. 그리고는 어제 여정을 마친 지평 면사무소 앞의 장터국밥거리까지 차를 타고 되돌아온다. 아침식사를 예약한 '친절식당' 국밥을 시켜 먹으며 주인아주머니와 정겹게 대화를 나눈다. 으레 정선에서 서울까지 걷는 얘기부터 시작한다. 매우 놀라면서 못 믿겠다는 표정으로 정선을 아느냐는 둥 정말로 서울까지 걸어가느냐는 둥 이런저런 이야기를 주고받는다.

근데 주인아주머니 말투가 왠지 귀에 익는다 싶었는데, 알고 보니 정선 사람이라고 하신다. 어쩐지 모두가 놀라는 것은 당연한 일이었다. 모든 것을 세세히 적을 수는 없지만 친정이 정선 어느 면이라고 하시니 우리 모두가 반가운 마음에 서로 간의 연배를 따지면서 난리법석을 피웠다. 주인아주머니 덕분에 모처럼 우리에게 웃음꽃이 피었다.

신기하게도 정선이란 인연이 가는 곳마다 이어지는 걸 보면 우리가 가는 길이 진정 아리랑 로드가 맞구나 싶었다. 장터국밥으로 배를 든든히 채우고 다시 뙤약볕과 맞설 준비를 하면서 어제 저녁에 만났던 면사무소 앞 아주머니 가게에 들어간다. 우리를 보자 아주 반가워하시는 주인아주머니의 표정이 느껴진다.

이곳이 바로 오늘의 출발점이다. 정선을 잘 안다는 아주머니와의 인연을 지키고자 물과 간식거리를 사서 각자 나누어 넣는다. 오늘의 목표는 양수리나 다산마을이 있는 능내역 정도로 예상하고 있다. 그런데 벌써 여덟 시가 다 되어 간다. 시간이 늦어서 서둘러 출발해야 한다.

면사무소 앞 현관의 넝쿨이 가득한 터널에서 기념 촬영을 하고 출발한다. 주변에는 복지회관과 도서관이 웅장하니 떡 버티고 서 있는 걸 보면 양평군의 재정이 제법 탄탄한 것 같아서 왠지 모를 부러운 마음이 든다.

지평 면사무소에서 출발하여 용문 방향으로 나아간다. 기록에 등장안 마내장, 천궁천, 지덕천 등은 결국 찾지 못하고 지평역과 지평

아리랑 로드 | 133

사거리, 지평의병로, 의병교차로, 그루고개와 화전으로 가는 갈림길을 지난다. 이곳은 지방도 341번이다.

송현1리 역말, 의병교, 그릇고개길(그루고개가 근처에 있다)을 따라 평지를 걷는데 이곳은 제법 교통량이 많아서 다소 위험해 보인다. 용문과 지평은 흑천(거무내)을 사이에 두고 면의 경계를 이룬다. 흑천을 가로지르는 화전교를 건너서 용문에 이른다. 여기는 용문산에서 발원한 흑천, 거무내라고 불리는 강이다.
다리를 건너니 시내로 가는 길과 왼쪽 방향에 용문역으로 가는 철도 옆으로 난 길로 걸어서 용문역 광장에 이른다. 새로 지은 것을 뽐내기라도 하듯이 용문역이 얼마나 크고 높던지 그 웅장함에 압도되는 느낌이다. 시내로 들어가면 용문역에 이르는 시가지를 거쳐서 용

문 재래시장이 있는 곳을 지나면 양평으로 가는 길인데, 여기에서 두 길이 다시 만난다.

　인근에는 별도로 4차선 도로인 경강로가 개통되어 있어 지방도인 이곳은 교통이 비교적 한적한 편이다. 간만에 숨통이 트이는 느낌이다. 용문역 광장에서 잠시 쉬어가기로 한다. 그런데 갑자기 관광객을 모집하는 분이 우리에게 다가와서 양평 관광 지도와 펜션 영업장 자료를 주신다. 그러면서 이런저런 이야기를 주고받다가 문득 우리도 정선이야기를 꺼내니 너무나 반가워하신다.
　6일차의 첫 구간을 걷는데 어제 겪었던 통증이 다시 나타나서 다소 힘들게 시작하는 느낌이다. 이제 서서히 우리의 한계에 다다른 느낌이다. 그나마 어제 가장 힘들어했던 조성윤은 그래도 기력을 회복해

서 기분이 좋아 보여 다행이다. 그는 양평에 이르러서 자전거길에서 새로운 실험을 한다며 몇 kg 정도 나가는 롱 보드를 짊어지고 걷는다. 우리들 중에서 좀 젊다고 티를 내서 조금 밉상이지만 부디 실험이 잘되기를 바라며 걷는다.

용문 시가지를 벗어나면 양평 레일바이크가 있다. 길이는 편도 3.2km로 되어 있는데 잠깐 타보려고 했으나 시간이 촉박하기 때문에 그냥 구경만 하고 간다. 즐길 것들이 눈 앞에 있는데 즐기지 못하는 점이 가장 아쉽다. 다음에는 기필코 관광 목적으로 여행을 와서 놓쳤던 것들을 모두 즐기고 가겠노라고 혼자 다짐하며 길을 걷는다.

흑천을 따라가다 보면 도로가 상하로 나뉘는 2단 도로가 나온다. 양평과 여주의 군인들이 행군하면서 용문산 유격장으로 가는 길이 바로 이 길이구나 하는 생각이 난다. 2단 도로를 걷다가 경치가 좋은 곳에 쉼터가 있어서 그곳에서 잠시 쉰다. 간판을 보니 '별이 쏟아지는 집'이다. 아마도 옛날에는 나루터가 아니었을까 싶다.

옆의 방향은 원골인데, 양평에서 용문과 지평에 이르는 황골, 대곡으로 통하는 길이 바로 이곳인 듯하다. 특히 근처에는 깊은 소(沼)가 있어 물이 잔잔하기 때문에 배가 건너기에 알맞은 곳이라는 생각이 든다.

위를 쳐다보니 레일바이크 철로와 경강로 4차선 도로가 나란히 놓여 있다. 저 길로 가면 혹시라도 보행자 도로가 있을까 싶어서 주민에게 물어 보니 가는 길이 없다고 하여 결국 되돌아와서 다시 원래의 방향으로 걷는다. 이렇게 되돌아오는 길은 배로 힘들다.

오늘은 날씨가 구름 한 점 없이 상당히 무더워서 걷기가 쉽지 않다. 가다 보면 폐쇄된 철도 위로 지방도가 지나가는 삼성 육교와 만난다. 그리고 하류를 보니 레일바이크 종착점이 보인다. 기록의 '백고현'이 어딘지는 알 수 없지만 조금 더 가서 고개를 넘으면 황골길(황골현)이 연결되는 곳이다.

경강로 4차선 도로가 용문로 지방도와 만났다 헤어지는데 그 사이 밑으로 빠지거나 횡단하면서 재주껏 걷는다. 대흥로를 따라 대흥1리의 황골 입구 육교 밑으로 들어가서 경강로 오른쪽 길로 걷는다. 양평 시내로 가기 위해서는 신흥 육교 옆을 지나서 중앙로와 연결되는 백안 육교 밑으로 빠져야만 비로소 시내와 연결된다.

기록의 '노박현'을 확인할 수는 없지만 도곡2리 가재울, 백안2리 장골마을, 백안1리 흰골마을(백동), 공흥2리 수청골을 지나면 시내로 바로 연결된다. 비로소 양평 시내를 바라보면서 가까이 다가갈 수 있게 되었다. 뜨거운 햇빛이 내리쬐는데 시내로 가는 길에는 공사가 한창 진행되고 있다. 확장공사를 하면서 보행자 도로도 짓는 것 같다. 지평에서 이곳까지 오는 구간에는 경강로 4차선 도로가 있지만 보행자 도로가 없어 계속 지방도와 군도 등을 찾아 구불구불 걷는 불편함이 따른다. 이곳도 주민들의 왕래가 많은 도시 지역이건만 보행자 도로는 시내에 다 가서야 백안2리 지명 표석이 있는 곳부터 설치되어 있다. 보행자 도로가 서둘러 마련되기를 바라는 마음이 가득 든다.

조성윤이 땀을 뻘뻘 흘리며 힘들게 롱 보드를 메고 와서는 바닥에

던지듯 내려놓는다. 좀 우둘투둘 블록길이긴 하지만 여기에서 주행을 해볼 모양이다. 그런데 '앗!' 하는 사이에 벌써 적당히 경사진 보도로 조성윤이 저만치 내달리고 있다. 뒤돌아서 우리를 보면서 완전 기분 최고라고 엄지를 추켜올린다. 그렇게 양평 시내를 앞서거니 뒤서거니 하면서 들어간다.

  중앙로에서 갈라지는 공흥 사거리의 양평 버스 터미널을 지나는 시민로를 택하여 걸었다. 시내 중심에는 거대한 높이를 지닌 주상복합건물이 보인다. 그리고 곳곳에 물 맑은 양평 로고가 접목된 시가지 안내표지들이 붙어 있다. 공사 중인 구간을 제외하고는 상당히 잘 정리되어 있어 그야말로 맵시 있는 도시처럼 느껴진다. 이제는 더 이상 위험한 국도에서 차량과 마주하며 걷지 않고 보행자 도로로 편안하게 서울까지 갈 수 있다는 안도감이 들어서인지 도시 모두가 그저 편안하게 다가온다.

  기록의 '괴목정'과 '점촌'은 못 찾고 농협을 지나 중앙선 철로 굴다리를 빠져나와서 양평의 물 맑은 시장 주차장과 양평역에 이른다. 이미 점심때가 지나서 모두 허기진 상태다. 용문역과 마찬가지로 양평역의 크기와 디자인은 가히 주위를 압도하기에 충분했다. 앞으로 쭉 뻗어 나가는 곳에 군청이 있고 왼편으로는 시장이 있다. 설레는 마음으로 시장에 들어서서 먹을 것부터 찾으니 '제비전집'이라는 전통과 현대가 공존하는 메뉴를 선보이는 식당이 눈에 띈다. 점심메뉴는 저기로 정했다.

 이열치열로 펄펄 끓는 소머리 국밥에 소주도 한 잔씩 하면서 양말도 벗는다. 그런데 발 상태를 살펴보니 점점 심해지는 물집투성이라서 심히 걱정된다. 마침 점심시간을 막 넘긴 시간이라 다른 손님이 없어 크게 눈치를 보지는 않아도 되었다.

 현대적인 감각을 지닌 주인아주머니 역시 정선 여행을 자주 다니신다며 우리를 매우 반가워한다. 나중에 언제 한번 양평장이 서고 공연 행사가 열릴 때 이것저것 보고 배우기 위해서 꼭 와 보아야 할 곳 같다. 서울하고도 가깝고 팔당 호반이 접해 있어 양평 여행은 서울 사람들 모두가 많이 꿈꿀 만큼 매력적이기 때문이다.

점심식사를 마치고 시장을 벗어나서 양근로를 택하여 오른쪽으로 걷는다. 바로 앞에 군청 사거리가 있고 양평군청(양근읍)이 한강가에 당당히 서 있다.

1908년 양근군과 지평군을 합쳐 양평군이 되기 전까지는 양근군 양근 읍내라 부르던 곳이다. 양평의병 묘역이 있는 양동면 석곡리가 당시에는 지평군이었고 양평의병은 우리나라 최초 의병 봉기라 일컫는 지평의병을 말하는 것이다.(일제는 1910년을 전후로 전국 대부분의 마을 지명을 분리·통합하면서 교묘하게 본래의 지명을 없앴는데, 근래에 와서 옛 지명을 회복한 곳도 있지만 특별히 한자의 뜻과 상치되지 않으면 아직도 그냥 쓰고 있다. 100전의 지명과 지금의 행정, 법정 지명은 대부분 조합되고 만들어진 것이다. 자세히 설명하

지 않으면 알 수도 없다.)

또한 군민들이 지나며 쉴 수 있도록 정문 옆에 아주 멋진 정자각을 지어 놓아 어르신들과 민원인들이 애용하는 곳이다. 정문에서는 주차와 안내를 맡은 분이 바쁘게 차단기와 계산기를 운영하는 것으로 보아 유료 주차장인 듯하다. 물론 민원인들은 주차 확인서를 받아서 나오면 당연히 무료겠지만 말이다.

우리 일행도 의미가 가득한 양평의 심장부 앞의 정문에서 기념사진을 한 장 남기고 정자에서 잠시 더위를 피한다. 그런데 이때 갑자기 돌발 상황이 발생한다. 이제 출발하면 남양주와 팔당까지 자전거길로 걸으면서 롱 보드 실험도 해야 되는데 조성윤의 몸에 붉은 반점이 줄지어 나 있다. 그저께 동화 만낭포 근처에서 볏짚 더미에 앉았거나 어제 무리하면서 길섶에 막 드러누운 것 때문에 바이러스성 감염에 걸린 것은 아닌가 싶어 당황스럽다. 자세히 보니 대상포진처럼 줄지어 난 것 같기도 하다.

황급히 약국에 가니 원인을 알 수 없기 때문에 함부로 약을 줄 수 없다며 바로 옆 의원에 가보란다. 그래서 한 사람에게는 보따리를 지키게 하고 의원에 가보니 역시나 정확한 병명을 알 수는 없다고 한다. 아마도 과로일 거라고 하면서 항생제가 포함된 주사를 놓고 약을 처방받으니 이제야 조금 안심이 된다. 식중독이면 걷는 데 치명적인 위험이 될 수 있기 때문에 많이 걱정했지만 식중독은 아니라는 진단에 마음이 놓인다. 이제 쉴 만큼 쉬었고 급한 불도 껐으니 계속 걷는 일만 남았다.

　양평 시내 양근천을 따라 자전거길이 나 있는데, 이곳에서부터 한 강변으로 이어진다. 중앙선 철로를 폐쇄하고 그곳에 아스콘 포장과 방부목재, 시멘트, 철강재 등으로 철저하게 안전조치를 하여 자전거와 보행자 전용 도로를 만들어 놓았다. 그리고 양평 문화원에서 연결되는 주 진입로가 나 있는데, 양평 문화원을 보면 양평역에서 느껴졌던 것 만큼이나 지역 경제의 크기를 대충 가늠해볼 수 있을 것 같다.

　아주 잘 다듬어진 자전거길이다. 자전거로는 왕복할 수 있는데 사람이 다니는 곳은 오직 한 길로만 되어 있다. 마주오거나 뒤따라오는 자전거와 충돌하여 사고가 일어날 수도 있다. 그렇기 때문에 사

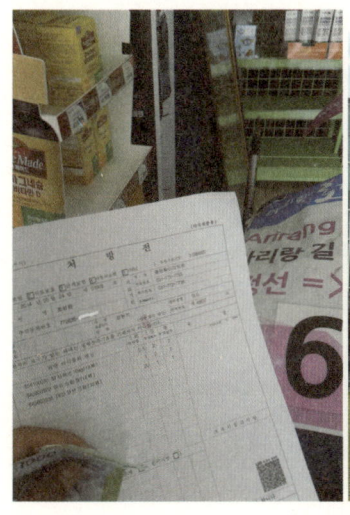

고를 피하기 위해서라도 보행자 도로로만 길을 걸어야 한다. 그런데 어떤 곳은 보행자 도로가 없고 자전거길만 있다. 보행자 도로가 세 길이 있다고 할 때 한 쪽은 보행자 표시길, 자전거길이 두 길이면 무조건 오른쪽 보행이다. 뒤따라오는 자전거가 따르릉따르릉 소리를 낼 때 오른쪽으로 비켜 주면 아무런 사고 없이 안전하다.

이 길은 물소리길이다. 주택가나 농경지를 지나가면서 경치를 구경하지 못하는 아쉬움은 남지만 그래도 걷기에 안전한 길이다. 조금 높은 곳으로 지나가는 철로에서 바라 보니 경관은 이루 말할 수 없을 정도로 멋지다. 양평 문화원의 보건소 여성회관과 군민회관 등 군민들이 자주 찾는 문화복지 시설들이 한곳에 모여 있어 사람들이 살기에 아주 좋아 보인다.

양평 시내를 뒤로하고 계속 안전한 길로 걷는다. 여름이라 날씨는 찌는 듯이 무덥고 물집 때문에 발은 아파도 많이 지체된 시간을 메우기 위해서는 부지런히 속도를 내야 한다. 그런데 피부병으로 고생했던 조성윤이 언제 아팠냐는 듯 롱 보드를 끌다가 타다가 하면서 어느새 저만치 내달리고 있다. 앞질러가면서 사진도 찍는 등 1인 2역을 해내는 모습을 보면서 역시 젊다는 생각이 든다. 아마 어제의 다리 근육에 통증이 왔던 것도 첫날부터 며칠간 사진 촬영을 위해 앞뒤로 뜀박질하다가 무리해서 그런 것 같아 왠지 모를 미안한 마음이 든다.

길 주변에는 자전거길 안내도와 인증 센터도 잘 안내되어 있어 심히 부러운 생각이 든다. 양평이란 동네의 이러한 경관을 정선에도

그대로 옮길 수 있으면 좋으련만. 뜨거운 한낮에도 쉬지 않고 걸으면서 지금은 폐쇄된 아신역을 지난다. 철도 쉼터, 객차와 역사, 화장실 등 모든 것들을 개조하여 현대적인 조화를 갖춘 갤러리를 만드는 작업이 한창이다. 이것을 보며 정선에서 철도 사업을 할 때 배워야 할 부분도 있다는 생각을 한다. 기곡 아트터널이라는 장소가 바로 기차굴을 예술 작품으로 변모시킨 사례이다. 입구와 내부를 적절한 조도의 LED 전구로 비추어 꾸며놓은 아름다운 조형물이다.

내부에서 불어오는 자연풍은 머리가 휘날릴 만큼 시원하게 우리를 감싼다. 온도 역시 낮아서 바깥과는 전혀 다른 세상이다. 아기자기하게 꾸며놓은 아름다움과 더위조차 가시게 만드는 시원함에 정신이 팔려서 발바닥이 아픈 것도 잊으며 계속 속도를 내게 된다. 조금 있으면 한꺼번에 밀려올 발바닥의 고통들이 우릴 기다리고 있겠지만 말이다.

기록의 여문현을 찾을 수 없다. 아마도 독바위(독암), 덕구실(독암)은 철길과 좀 떨어져서 한강변에 위치하고 있는 듯하다. 현재 사탄천이라 부르는 지명이 아신역에 가기 전에 위치해 있는데, '모래울'로 기록된 것으로 보아 당시 현지 주민들이 부르는 이름을 그대로 적어 놓은 것처럼 보인다. 총쇄록에 기록된 지명과 현재 지명을 대조해 보기에 아주 좋은 사례이다.

양평군 옥천면으로 들어서서 아신역을 거쳐 기곡(기곡)과 기곡터널을 지난다. '다리아리'와 '물말독' 역시 강변에 설치된 다리와 말뚝에 근거한 지명처럼 보이지만 지금은 어디인지 알 수 없어 아쉬운 마음만 들 뿐이다.

한티(한치)와 복포천(복개천)을 거쳐 복포 철교를 지나면 양서면으로 접어든다. 결국엔 '노대울점 유대울점'을 찾지 못하고 계속 걷는다. 언론사(춘천 KBS)에서 라디오 생방송 인터뷰를 한다고 연락이 와서 이재열 대장이 복장을 정돈하면서 자리를 잡는다. 다른 대원들은 혹시라도 잡음이 섞일까봐 멀찍이 떨어져서 발에 쉬어주고 물집도 정리하면서 휴식을 취한다. 역시나 무리한 탓에 심해지긴 했지만 그래도 아직까지는 참을 만한 물집이다.

2일차까지는 알이 배어서 통증이 있던 다리는 완전히 풀려 버렸었는데 4일차부터는 더 이상 통증은 없지만 역시나 발바닥이 문제다. 인터뷰로 이삼십 분 정도 시간이 지체되어서 걱정이다. 힘든 여정으로 허기도 지고 아직도 갈 길이 멀다.

이제 국수역에 다다른다. 지금은 비립인데 총쇄록에 '비석거리'로 기록된 곳이다. 국수역의 지명은 국수산(菊秀山)에서 유래해서 국수리의 국수역이 된 듯하다.

우리말 그대로 쓰인 국수와 연계하여 국수역 앞에는 국수를 전문으로 하는 국수거리, 국수식당들이 성황이다. 우리 일행도 국수역 앞에 보이는 첫 번째 집에서 국수를 한 그릇씩 먹고 길을 나선다. 식당 안에는 서울에서 온 등산객들로 붐비고 있었다. 그리고 이곳엔

국수 외에도 몇 가지 토속 음식들이 메뉴에 게시되어 있다. 하지만 역시 국수리에서는 국수를 먹어야 한다며 한바탕 등산객들과 담소를 나누면서 흥겹게 아리랑과 정선을 얘기하고 난 후에야 길을 나선다. 이곳에서 만난 분들은 모두 정선을 한 번씩은 다녀가신 분들이셔서 인지 우리 얘기에 매우 흥미로운 반응을 보이셨다.

아마도 오늘의 목적지를 양수리까지 잡아야 할 듯하다. 이곳을 떠나서 식사와 숙박이 모두 가능한 곳은 그곳뿐이기 때문이다. 이제 목적지가 정해졌으니 힘을 내서 길을 재촉한다.

'노대울'로 기록된 곳은 아마 지금의 한여울이나 대심리일 것으로 추측이 되지만 확인할 길이 없어 그냥 지나간다. 옛날에 걷던 길은 이제는 국도가 점령했기 때문에 도무지 찾을 길이 없다. 게다가 보행자 도로도 없어 이곳은 원래 사람이 걸어서는 다닐 수 없게 되어 있는 길이다. 그나마 이 폐쇄된 철로를 통해 걸어 나갈 수 있었다.

우리가 가고 있는 아리랑 로드가 가능한 이유이기도 하다. 너무나 아쉬움이 가득해서 두고두고 생각이 들겠지만 그래도 걸을 수 있는 길이 있다는 것만으로 충분히 위안을 삼고 간다.

  도곡터널을 빠져나오면 신원2리 동이점골과 신원1리 묘곡 샘골 월계(월계)로 이어진다. 길옆에 양서초등학교가 있고 예전에 장터가 있었다는 도곡리 반장을 지나면 신원역에 이른다. 그곳에 이르니 해가 양평의 산 능선을 막 넘어가면서 한강의 수면에 붉은 낙조를 그려 낸다. 눈부신 석양의 아름다운 경치를 우리를 황홀하게 한다.

  어릴 때나 지금이나 사람들은 해가 넘어가고 어두워져서 저녁이 올 때면 자연스럽게 집을 생각하는 것 같다. 뒤에서 엄마가 자신을 부르는 목소리가 들리는 것처럼, 어두워지는 서쪽 노을을 향해 자꾸 뒤돌아보면서 길을 간다. 노을은 무언가 우리를 빠져들게 만드는 매력이 있었다.

　오르막은 끌고 내리막은 타고 가는 롱 보드가 아무래도 걷는 것보다는 좀 빨라 보인다. 어느덧 조성윤 대원이 보이지 않을 만큼 앞서 간다. 물론 메고 갈 때는 힘들겠지만.

　신원역 앞에는 매우 특별한 비석이 하나 있다. 그것은 바로 몽양 여운형 선생의 생가와 기념관을 알리는 큰 표석이다. 지금은 아쉬운 마음을 뒤로하고 시간이 없어 그냥 지나가지만 언젠가 다시 올 때에는 반드시 한번 들러 볼 것이다. 용담터널도 '용담 아트터널'로 변모하여 어두컴컴하면서도 더위를 잊게 만들 정도로 시원한 가운데에서 예술 작품을 감상하며 걷는 묘미가 있다.

　월계를 지나서 양수까지는 용담터널의 연속이다. 짧은 거리에 다섯 개의 터널이 있는데, 이곳에서 얼음장 같은 냉기를 느끼면서 걷다 보니 어느덧 양수리 근처에 다다른다. 이곳은 급경사인 산속과 강변, 물위를 강물과 4차선 국도 그리고 중앙선 옛 철길과 새로 난 중앙선 철길이 나왔다 들어가기를 반복하기 때문에 폐쇄된 길이 아니면 걸어서는 다닐 수 없는 곳이기도 하다.

터널을 나오니 앞 사람의 얼굴을 구분할 수 없을 정도로 어둠이 짙게 깔려 있다. 하천과 도로를 가로지르는 양수 육교를 지나 양수리(이수두) 양수역에 이르렀는데, 이곳은 양평군 양서면의 서쪽 끝이고 북한강 건너편은 남양주 땅이다. 조금 먼저 도착한 조성윤과 박종만 대원이 저쪽 역 앞에서 우리를 기다리고 있는데 어둠이 짙게 깔려서인지 얼굴을 바로 알아보기는 힘들다. 오늘은 좀 무리해서인지 조금만 더 걸으면 모두가 탈진해버릴 것만 같다.

이곳은 옛날 이수두나 두물머리, 용진이라 부르던 곳이다. 어제의 한계를 극복하고 오늘은 지평부터 양수까지 속도를 내어 롱 보드를 둘러메고 타고 온 조성윤 대원과 이곳까지 뒤처지지 않고 온 대원들 모두 안도의 한숨을 내쉬며 기념사진을 한 장 박는다.

이곳은 한강과 북한강이 만나는 아주 의미 있는 장소이기에 네 명의 대원 모두 벅차오르는 기쁨으로 합심하며 다짐한다. 아리랑이 모이고 흩어지고 또 다른 창조가 되듯이 한강에 북한강이 더해지면 더 넓은 강이 되어 바다로 가는 곳곳을 적시고 먹이고 베푸는 것과 같음이다. 이러한 화합의 물결이 우리나라 곳곳에 일어나면 참 좋으련만.

차량 담당인 백호민이 양서시장 근처의 양수가든에 저녁식사를 예약하고 이프 모텔에 숙소를 미리 잡아 두었다. 모두 한 잔씩 하는 주당들이라 마음 같아서는 몇 잔이라도 더 할 수 있을 텐데 다들 지치고 통증이 심해져서 그저 말없이 돼지갈비에만 집중할 뿐이었다.

하지만 이 분위기는 종업원에 의해 금세 바뀌었다. 종업원의 말솜씨가 어찌나 유창하고 유머감각까지 좋던지 우리의 표정에 다시 웃

음기가 맴돌았다. 고기도 워낙 노련하게 잘 구워주시기까지 해 고기 맛은 배로 좋은 느낌이다. 그리고 우리가 걸어온 아리랑 로드를 이야기하자마자 바로 술과 음료를 서비스로 내주신다.

숙소에 들어가서는 최소한의 빨래만 한다. 무려 한나절이나 되는 일정을 소화해낸 것을 감안하여, 젖은 옷가지를 그냥 말려서 비닐봉지에 넣고 가방에 실을 요량이다. 그리고 혹시나 했지만 역시나 발바닥 상태가 다들 최악이다. 오전까지는 괜찮았는데 지체된 시간을 만회하고자 오늘은 좀 무리해서 40km 정도를 걷는 바람에 완전히 터지고 짓물러 버린 것 같다.

조금이라도 빨리 상태가 호전될 수 있도록 깨끗하게 몸을 씻고 상처 난 부위에 약도 바른다. 그렇게 내일을 위해 이것저것 준비를 마치자마자 바로 곯아떨어진다. 그래도 벌써 밤 12시가 되어 간다. 6일간의 여정 중에서 가장 많이 걸어서 몸이 힘들었지만 그만큼 많은 것을 느끼게 했던 뜻깊은 하루였다.

2014. 6. 25. 07:55 일곱째 날

두물머리 기운을 받아서인지 모두들 아침 일찍 일어난다. 일어나자마자 우선 발바닥에 메디폼과 스포츠 밴드를 넓게 걸쳐서 붙인다. 오늘은 모든 힘을 다해 반드시 서울에 입성해야 한다. 많은 사람들이 우리를 지켜보는 앞에서 절룩거리는 모습을 보일 수는 없지 않은가. 게다가 날씨는 오늘 최고로 기온이 많이 올라 폭염주의보가 내려진 상태다.

양서시장 골목의 남원추어탕 황태식당에서 황태 해장국으로 아침 식사를 한다. 상처 난 발에 이것저것 신경을 쏟다 보니 예정된 7시 출발 시간이 늦어지고 말았다. 거의 8시가 다 되어서야 부랴부랴 양수역에서 기념 촬영을 하고 출발한다.

당초 계획은 오늘 밤에 늦더라도 반드시 서울에 입성하여 경복궁에 도착해서 일정을 마무리하는 것이었지만 시간을 좀 조정해서 내일 12시에 도착하는 것으로 일정을 바꿨다. 조성윤 대원이 가족들과 목요일 오전에 제주도로 여행을 떠나기로 계획이 잡혀 있었다. 그래서 시간을 꼭 맞춰서 일정을 끝내야했지만 제주도에 이른 장마로 인해 태풍이 예보되면서 조성윤 대원이 여행을 취소하게 되어 대원 모두 다행히도 시간적으로 여유가 있었다.

어젯밤에 도착해서는 이미 너무 어두워져서 제대로 보지 못했는데, 날이 밝고 보니 새로 지은 3층 높이의 양수역이 아주 거대해 보인다. 벅찬 마음에 인증 사진을 찍고 바로 출발해서 북한강을 건너러 간다.

현재 남한강 자전거길인 '두물머리길'을 계속 걸어간다. 이 근처에는 물과 연꽃을 주제로 한 세미원이라는 아름다운 생태공원이 있고 영상에 자주 나오는 두물머리 그리고 양수리 환경 생태공원 등 다양한 시설들이 갖추어져 있다.

그리고 이곳에는 다리가 참 많다. 총 12개의 다리가 있는데 북한강을 가로지르는 네 개의 다리가 걸려 있다. 그 다리로는 4차선 국도인 신 양수대교, 2차선 옛 국도인 양수대교, 중앙선 철도인 양수철교와 폐쇄된 구 양수철교 등이 있다.

용늪이 있는 섬을 연결하는 곳에도 같은 노선의 다리가 네 개가 놓여 있다. 그리고 가정천으로 연결되는 물 위에도 4개의 다리가 놓여 있다. 이곳은 물과 다리를 건너야만 왕래가 가능한 곳으로 기록에는 '용진'이라고 하는 아주 큰 나루터였던 곳이다. 우리는 구 양수철교를 건너기로 하고 길을 나섰다. 목재로 철로를 덮어서 발바닥 느낌이 한결 가벼워진 느낌이라 물집으로 인한 통증이 조금은 덜해서 참 좋다.

우리가 흔히 부르는 남한강의 법정명은 한강이다. 그리고 북쪽에서 흘러오는 한강이라 하여 북한강이라는 법정명이 존재하는데, 이 두 개의 강이 합쳐지는 지점이 바로 여기이다. 북한강을 건너면 남양주시 조안면이고 조금 더 가다 보면 조안면 진중리를 만나게 된다. 현재의 배나들이 마을 인근이 바로 죽말-중리라 부르는 '두죽현'인 듯하다.

이때, 또 다시 조성윤은 롱 보드를 타고 양수철교를 신나게 내달린다. 자전거길에서도 롱 보드를 탈 수 있다는 것을 보여 주었다며 완

전 신나한다. 계속해서 롱 보드를 타고 메고 가면서 "정선에서 서울까지."를 힘차게 외친다.

물 위에서 좌우를 바라보니 경치가 너무 아름다워서 한 폭의 그림 같다는 느낌이 들 정도이다. 물 위에 떠 있는 섬과 다리가 조화롭게 배치되어 있는데 바로 옆 철로에서는 알록달록 예쁘게 포장된 양평행 전동차가 우리를 스쳐 지나간다. 걷고 또 걸어서 다리를 건너면 다산마을이 있는 곳에 이른다. 사전에 답사할 때 예전에는 조안초등학교 앞으로 생사람 고개를 넘어 다니는 길이 나 있었음을 확인하였지만 우리 이후에 따라 걷는 사람들을 위하여 자전거길을 가기로 한다.

조안초교 앞의 고개를 넘어서 다산로의 천주교 묘지가 있는 곳으로 계속 나가면 자전거길과 다시 만나게 되는데 여기가 바로 2km 정도 되는 지름길이다. 계속 자전거길로 가다가 휴게소에서 잠시 쉬면서 보니 다산 선생의 멋진 글귀가 돌에 새겨져 있다.

(제목: 언덕에 푸른 대나무 – 다산의 여덟 풍경 중에서 – 잔설 그늘진 언덕에 바위 기운 맑고, 높은 가지에서 잎 지는 소리 새롭군 그래. 언덕에 남은 푸르고 어린 대나무 공부방 세밑 풍경 지켜 주누나.)

조안 면사무소를 옆에 두고 조안리를 지나서 방아다리를 거쳐 능래역에 다다른다. 인근에 마현마을, 다산마을, 다산 생가와 묘역, 실학 박물관 등 조선시대의 귀중한 유적들이 모두 모여 있는 곳이다. 강진에는 다산 초당이 있고 이곳에는 다산 선생과 관련된 각종 유적이 있어 나중에 시간을 내서라도 꼭 들러 보아야 할 곳이다.

능내역은 추억을 간직하는 옛날 사진을 붙여 전시해 놓는 등 원형을 그대로 보존하면서 각종 편의시설을 갖추어 놓았다. 옛 모습이 담긴 능내역을 두루두루 살펴보고 추억의 전(煎)집에서 시원하게 동동주를 한 잔씩 하고 일어선다.

팔당댐 호반 구역이라 너르고 푸른 물결과 산야가 조화로워 매우 기분이 좋아지는 곳이다. 팔당댐이 멀리 보인다. 날렵하게 올려놓

은 눈썹 모양이라고나 할까? 흰색이 도드라지게 다가오는 조형물의 구간을 걷는다. 사전 답사 때 이 자전거길을 찾지 못해 4차선 국도를 걸어야 하나 2차선 옛 국도를 걸어야 하나 고심했던 곳이다.

어느 길에서도 보행자 도로를 찾아볼 수 없기 때문에 수많은 자동차를 끼고 걸어야 하는 위험에 노출된다. 롱 보드를 탄 조성윤을 앞서 보내고 뒤따라 걷는데 한 무리의 자전거 팀들이 저 멀리부터 달려오고 있다. 지금까지 해온 것처럼 까만 색안경을 쓴 그들에게 손수건을 흔들면서 "안녕하세요." 하고 인사를 건넨다.

그런데 이상하다. 맨 앞에서 길 안내를 하는 동안 거의 대부분의 6~7할은 반갑게 화답하며 반갑게 인사를 해 주었는데, 이상하게도 이 팀은 11명 중 단 한 명도 우리에게 화답하지 않는다. 천천히 가면서도 그런 걸 보면 분명히 싸운 사람들이 아닐까 싶다. 괜히 멋쩍은 마음에 기분이 별로 안 좋아 날이 더 뜨거워지기 전에 힘껏 속도를 내는데, 또 다시 저쪽에서 세 분의 아주머니들이 걸어오고 있다. 앞서 인사를 못 받은 일 때문에 이번엔 인사를 건넬까 말까 생각하는 사이에 용기를 내어 "안녕하세요." 하고 인사를 하니 그쪽에서도 "수고하세요." 하는 화답이 온다. 모두 얼굴을 싸매고 걷기 때문에 서로의 얼굴도 몰라서 누군지 알 수 없는 상황이다.

그래도 인사를 주고받은 반가움에 우린 정선에서 오는데 어디까지 가느냐고 아주머니들께 물으니 양평까지 간다고 답하면서 갑자기 "정선이요?"라고 크게 소리친다. 자기들도 정선에 대해 잘 안다면서 진짜 걸어서 서울까지 가냐면서 매우 놀라는 눈치들이다. 우리가 걸어온 이야기를 간단하게 해주니 아주머니들께서 직접 사진을 찍어서 정선아리랑을 홍보해 주겠다고 한다. 아주머니들의 갑작스런 제안에 우리도 연신 감사하다고 하면서 배낭에 부착한 출발 7일째 아리랑 로드 배너를 힘차게 돌려댄다.

그때 일행 중 한 아주머니께서 "그 아주머니가 이국주 엄마에요. 정선 의리 광고 찍은 이국주 엄마!"라고 하신다. 그 말을 들은 우리는 깜짝 놀랐다. 그때는 유튜브에 올린 정선으리 광고의 조회 수가 무려 10만 명을 돌파할 기세로 인기가 좋았을 때였고 이국주도 정선군과 같이 광고를 제작한 후 개그 방송을 하는 등 여러모로 좋은 일이 생겼다고 하는 시기였기 때문이다.

이번 여정은 희한하게도 우리가 알지 못하는 사이에 아리랑 가락처럼 자연스럽게 인연이 풀려 나오는 느낌이다. 기쁜 마음으로 함께 기념 촬영을 하고 서로의 안전도 빌어주면서 작별을 고하고 팔당댐을 지난다.

폭염으로 날이 더 뜨거워지기 전에 그늘에 쉼터에서 발바닥을 마취시킨다. 오는 내내 배낭에 들어 있던 된장과 고추장을 꺼내고 버너에 불을 붙여 물을 끓인다. 컵라면에 물을 붓고 된장과 고추장을 풀어 열을 낸다. 생각해 보니 버너를 사용한 적이 없다. 무겁게 지고 온 것을 한 번도 사용 안하면 예의가 아니라고 길 안내가 바득바

득 우겨서 마지못해 한번 사용해 보기로 한다. 그런데 예상외로 다른 때 먹던 초코파이 새참보다 훨씬 좋다. 이 무거운 것을 들고 왜 이제야 썼는지 안타깝다. 차라리 가져오지 않았더라면 한결 가볍게 걸을 수도 있었을 텐데.

'보원역'과 '두미'라 기록된 곳이 어디 있는지 확인하지 못하고 길을 떠난다. '보원'이 '봉안'이라면 아마도 팔당댐을 지나기 전의 마을일 것이다. 그런데 이곳 역시 폐쇄된 철도가 아니면 걸어갈 길이 전혀 없는 곳이어서 걸으면서 생각한다. 아리랑 로드(정선~서울 걸어가는 길)는 사전 답사 단계에서 시작도 못하고 종결되었을 것이라고 여겨지는 곳, 즉 이곳의 길이 없음이다.

팔당2리를 거쳐 조개울에서 폐철로 구간의 자전거길은 종점이다. 이곳부터 한강변 자전거길로 이어진다. 날이 많이 뜨거워지고 발바닥 통증으로 걷기 힘든 상황이다. 바댕이라 부르는 지명이 소당을 거쳐 팔당으로 바뀌어서 지금의 지명이 되었다. 강가의 급경사와 경작지 지역을 일컫는 바댕이가 이곳 지형의 특징이다. 소당은 상소당과 하소당으로, 상팔당과 하팔당으로 나뉘었다. 상소당을 지나 팔당역 앞 한강변 자전거길에 왔다.

날은 점점 더 더워지고 어느덧 12시가 가까워져서 일찍 점심식사를 해결하기로 한다. 팔당역으로 올라가는 4차선 경강로에 가보니 마땅히 식당은 없어서 결국 신호를 기다리는데 찌는 듯한 무더위에 금세 지칠 것 같아서 계속 걷는다.

  한낮의 최고 기온으로 올라간 만큼 강물도 그처럼 더워 보인다. 그렇게 무더위에 시달리며 걷고 있는데 저 멀리 팔당대교가 보인다. 팔당대교를 지나서 경강로 쪽으로 오르니 그래도 식당가가 한적하게 형성돼 있어 그곳에서 식당을 정한다. 시간 때문인지 그곳이 맛집인지 대부분의 식당에는 수많은 사람들로 인산인해다. 고단한 길을 걸어온 탓에 보신탕 생각이 많이 났으나 이곳 근처에는 없는 것 같아서 결국 할머니 손두부 집으로 들어가기로 정한다. 그곳에서 두부전골을 시키고 오후 여정을 위해 든든히 먹는다. 식당에 들어오기 전인 12시 경에는 기온이 거의 35도 가까이 되었기 때문에 지쳐서 쓰러지기 일보 직전이었다.

식사 후 주차장 한편에 들마루가 서너 개 있는 것을 발견했는데, 여기가 쉬어가기 참 좋은 곳이었다. 지금 날씨를 보니 한낮에 걷다가 혹시라도 열사병에 걸려 모두가 쓰러질까 겁나는 기온이다. 그래서 일단은 한 시간 남짓 그곳에서 쉬었다 가기로 합의를 본다. 역시 답사대장답게 판단이 빠르다. 그리고 누가 먼저랄 것도 없이 양말을 벗고 바로 드러누워서 코를 곤다. 힘든 일정에 모두가 창피함도 모르고 뻗어버린다.

아주 잠깐 잠이 들었나 싶은데 일어나 시계를 보니 벌써 두 시 반이다. 모두들 꿀잠을 한 시간 반 동안 잔 것이다. 하지만 여전히 날은 뜨겁고 바람은 덥다. 서울의 도심에 가까워질수록 지열이 훨씬 더 강하게 느껴지는 것 같았다. 식당을 나서니 아주 너르고 큰 규모의 골목길을 지나 한강변 자전거길로 내려온다.

넓디넓은 한강 둔치가 보인다. 이리저리 난 자전거길에 간이 화장실도 예쁘게 잘 지어져 있는 것이 보인다. 들어가 보니 자동으로 환풍기도 돌고 해서 이렇게 무더운 날에도 이용할 수 있도록 잘 만들어져 있다.

이제 하팔당(하소당) 근처도 지나고 동막(동막동) 삼거리 앞으로 계속 물을 따라서 나아간다. 도심역 앞 강변을 지나 덕소역 경계의 아파트 단지에 이르니 강변 둔치 위로 4차선 경강로가 도로로 뻗어져 있다. 이곳에는 더위를 피할 수 있는 그늘이 생겨서 비가 와도 산책할 수 있는 구간이기에 여러모로 참 편리하다고 한다. 우리도 그곳에서 잠시 쉬면서 오랫동안 걷느라 아픈 발의 통증을 잊고자 우리의 피로회복제인 술 몇 잔을 꺼내서 마신다. 몸은 벌써 한계에 다다랐다. 하지만 이제 다 왔다고 몸을 간신히 달래며 또 나아간다.

정선과 아리랑 그리고 인연이란 이런 것일까 신기할 정도로 계속 묘하게 연결된다. 도심역 앞 다리 아래 그늘에서 쉬던 대여섯 분의 할머니들과 할아버지들과 마주친다. 그분들과 여기까지 걸어오는 것부터 시작해서 정선아리랑에 관해 이야기를 나누는데, 그중에 한 할아버지께서 유독 관심을 많이 보이신다. 몇 마디 주고받는 사이 갑자기 그분이 눈물을 글썽이며 집이 평창 미탄면 평안리라고 말씀하신다.

성마령을 넘으면 처음 만나는 곳이 바로 평안리이다. 한 치와 육백 마지기 청옥산 등으로 이어지는 그곳에 계시는 분들은 정선과 똑같은 정선아라리를 부른다. 그분은 농사를 지으시는데 할머니가 아파서 현재 병원에 입원했고 바로 보이는 아파트 단지의 딸네 집에서 살고 있다고 한다. 물론 아라리는 당연히 할 줄 아신다며 미탄에 와서 살고 있는 정선의 가수리, 귤암리 사람들 얘기도 함께 하신다. 그런데 시간이 너무 지체되는 것 같아 서둘러 인사를 나누고 계속 길은 걷지만 자꾸만 평안리 할아버지가 생각이 나면서 과연 아라리란 무엇일까 되뇌이게 된다.

하지만 '구사리현 기린 금주산현'이란 지명을 확인하지 못하고 덕소역 앞 부근에 이른다. 덕소는 '덕수'라 기록된 곳인데 잘 정리된 한강지구 공원들을 보며 대한민국의 돈은 모두 서울에 와 있구나라는 생각이 벌써부터 들기 시작한다. 자전거길과 공원길을 계속 가다가 덕소 IC에서 미사대교가 날아가듯 걸려 있는 곳을 거쳐 삼패 사거리 평구에 이른다.

잠시 한강 건너에 있는 하남시의 미사리 경관도 구경하면서 여유롭게 걷는다. 한강공원 삼패지구 풋살장이 있는 곳을 지나면 경강로에서 갈라져 나온 고산로 4차선 도로로 접어든다. 이제 자전거길과는 작별하는 셈이다. 걷기에 안전한 자전거길로 더 가면 너무 많이 돌아서 구리시로 오게 된다. 그리고 잠시 뒤에 만나게 될 왕숙천으로 거슬러 올라오면 그곳과 만나게 된다.

고산로에 올라 바로 횡단보도를 건너서 따라가는 오른쪽 마을길을 따라서 나란히 간다. 도심에는 차량이 너무 많이 다니는 관계로 위험하기 때문에 걷기가 수월치 않다. 그리고 도심인데도 불구하고 보행자 도로가 좌우측에 설치되지 않아 위험한 도로가 계속된다. 혹시 이 근처에 '성황당현'이나 '관촌'이 있을 것으로 보이나 확인할 길이 없다.

고산로상의 석실교는 홍릉천(조운천)에 놓여져 있다. 이곳 또한 타오르는 듯 올라오는 지열 때문에 걷기가 수월치 않다. 보행자 도로도 아직 설치되어 있지 않아서 더욱 그렇다. 그러던 중에 수석 IC

와 가운 사거리 가운동(조운리)을 연달아 지난다. 가운 사거리부터는 그래도 보행자 도로가 있는 시가지 도로라 비교적 안전하게 걸을 수 있다. 이 구간에서 속도를 좀 내어보려고 하지만 계속 우리를 괴롭히는 발바닥 통증으로 인해 그것마저도 쉽지 않다. 게다가 관리가 안 된 보행자 도로에는 잡초가 무성하고 물도 고여 있다. 근처 학생들 한 무리와 함께 뒤엉켜 걷는데 서로들 불편하다고 푸념을 늘어놓으면서 걷는다.

왕숙천(왕산천)에 놓여 있는 다리가 바로 토평교이다. 왕숙천을 기점으로 남양주시와 구리시의 경계가 나뉜다. 그리고 토평교에서부터 도로명이 검배로로 바뀐다. 아직도 다리 위의 보행 구간에 물이 안 빠져 학생들과 함께 난간 위로 올라가 위험을 감수하면서 걷는

다. 이것을 보고 누가 빨리 민원 전화라도 넣어서 얼른 상황이 개선되었으면 하는 생각이 계속 든다. 토평교는 다리 조형물이 경계 지역인데 과연 옛 고구려의 지역답게 무사의 투구 장식을 닮았다.

  다리 위에서 올려다본 왕숙천은 한 폭의 그림처럼 생태 휴식공간으로 다듬어져 있고 하류 쪽은 한강과 바로 연결되어 있어 수많은 다리들이 교차하지만 모든 구간이 잔디와 체육공원으로 정리되어 있다. 자전거길은 이곳에서 왕숙천을 타고 올라와 잠수교를 건너서 다시 한강을 따라 내려가는 구간이다. 계속 가다 보면 광진, 마포까지 이어진다.

  토평교를 지나서 구리시에 접어드니 해는 거의 다 지고 집으로 돌아가는 학생들이 우르르 쏟아져 나온다. 그리고 아파트들이 하늘을

찌를 듯 연이어 사방을 가로막고 있어 답답함을 느끼게 한다. 조금 전 한강변 자전거길에서의 확 트인 조망과는 전혀 다른 풍경을 보여 준다. 게다가 수많은 퇴근길에 쏟아져 나온 회사원들까지 더해져 답답함을 더한다. 하지만 한편으로 퇴근길의 사람들이 우리와 함께 걷는 사람들이라는 생각에 마음이 든든해진다. 어느새 통증을 잊어버릴 정도로 힘이 난다. 잠시 뒤면 곧 어두워질 것 같다.

검배 사거리에 이르니 무사히 도착했다는 안도감이 드는 동시에 강한 허기가 느껴진다. 좀 쉬면서 체력을 보충하기 위하여 사거리 바로 옆에 있는 허름한 슈퍼에 들른다. 이곳은 큰길이 아닌 뒷골목 옛길을 찾으려다 우연히 마주친 곳이다.

우리들은 들마루에 앉아서 기다리는 동안 박종만 대원이 슈퍼에 들어가 물도 사고 캔맥주와 소주, 소시지와 빵을 사온다. 앉아서 간단하게 요기를 하며 살펴보니 보면 볼수록 특이한 슈퍼다. 자동차 정비업체와 철물점 사이에 겨우 가건물 형태로 지어진 오래된 송방 같은 슈퍼마켓인데, 구리시 같은 서울 근교에서는 찾아보기 힘든 가게이다. 그래서 더욱 정감이 가기에 아주머니에게 정선에 대해 이야기하면서 이런저런 대화를 나누는데 얘기를 들어 보니 가게를 매우

어렵게 운영하시는 것 같다. 하긴 세상에 사연 없는 인생이 어디 있을까. 그저 아주머니에게 힘내라는 위로를 건네는 것 말고는 우리가 해줄 수 있는 것은 없다.

먼 길을 걸어온 우리의 행색과 여정이 힘들어 보였는지 서비스로 안주도 몇 가지 내어주어 감사하게 먹는다. 이렇게 서로 힘든 처지끼리 사소하지만 따뜻한 위로를 주고받는다. 주변에 있던 마을 사람들도 우릴 신기한 듯 쳐다보며 하나둘씩 모여들어 구경하고 있다. 좀 더 앉아서 동네 구멍가게 앞의 추억을 떠올리며 요즘엔 보기 힘든 진풍경을 연출하고 싶지만 해는 이미 졌고 자동차는 슬슬 불을 켜기 시작한다. 오늘 중으로 반드시 구리시를 관통하여 서울의 경계를 넘어야 하기에 다시 일어나 길을 재촉한다.

도시는 잘 정비되어 있지만 오래 전 삶의 흔적을 엿볼 수 있는 벌말로라는 뒷길로 올라간다. 계속 교차로가 나와 시간이 지체되는 것은 어차피 똑같기에 왼쪽 큰길인 검배로를 택하여 걷는다. 거리의 상가들은 이미 환하게 불을 밝혔기에 괜히 마음만 바빠진다. 조성윤이 끌고 메면서 가지고 가는 롱 보드는 다르락다르락 소리가 더욱 커진다.

서울과 다름없는 빌딩의 숲 속 사람들 틈에서 계속 걷다 보니 수택동 사거리가 나온다. 큰길이나 작은 길이나, 사거리나 삼거리나 모두 신호를 기다리느라 시간이 계속 지체된다. 피로회복제인 한 잔

술의 힘을 빌려서 걸으면 통증 없이 한 시간 정도는 어떻게 걸을 수는 있는데, 5분 걷고 신호를 기다리느라 1~2분 서 있다 다시 가려면 통증이 심해져 시간이 점점 지체된다.

어두워지는 도심에서 신호대기를 하지 않으려고 작은 길로 피하며 올라가니 경춘로와 만나는 돌다리 사거리에 이른다. 퇴근길이라 교차로에 사람들이 꽉 차서 걷기가 어려운 상황이다. 아마 이곳이 구리시에서 번화가에 해당되는 모양이다. 여기서부터는 왼쪽으로 길을 잡아 서울 방향으로 쭉 가야 한다. 특별히 좌로나 우로를 택하지 않고 계속 서쪽으로 가면 동대문으로 가는 길이다. 서울까지 왔다는 안도감이 느껴지지만 동시에 길 안내는 이제 별로 할 일이 없어지는 것 같아 허전한 느낌이 든다.

망우리까지는 계속 오르막길이다. 앞에서 조성윤이 롱 보드를 달달달 끌고 가는 소리에 모두들 힘을 내어 올라간다. 돌다리의 택시

승강장을 거쳐 교문 사거리에 이르니 이젠 날이 완전히 어두워진 상태이다. 왼쪽 보행로에서 신호를 받아 우측 길을 따라 걸어서 올라간다. 그런데 '사령둔지'라 기록된 곳을 확인할 수가 없어 계속 길을 재촉하니 어느새 망우리 고개(망우리 현)에 이른다.

  이곳은 서울시 중랑구 망우동과 구리시의 경계 지점이다. 조선 태조 이성계가 나라를 건국하고 나서 자신이 죽은 후에 묻힐 곳을 동구릉 내의 건원릉 터로 정한 뒤, 이곳 망우산 고개에 이르러 "아아! 이제야 오랜 근심을 잊게 되었구나(於斯吾憂忘矣)."라고 한 데서 망우리라는 지명이 생겼다고 고개에 유래를 새겨 놓았다. 또한 망우리 고개는 현재 자리가 아닌 옛 중앙선의 철도인 망우역과 도농역 사이인 기차 터널 위의 고개라고 안내되어 있다. 고갯마루에는 서울시의 상징물인 해태상과 호돌이상이 방문하는 사람을 반겨주듯이 서 있다.

이곳부터는 경춘로가 끝나고 새로이 망우로라는 도로명이 시작된다. 먼저 간 수많은 영혼들이 잠들어 있는 망우리 고개를 조용히 넘는데, 그곳을 넘나들면서 산책도 하고 운동도 하는 시민들을 제법 많이 볼 수 있다. 조금 더 가보니 그곳에는 바로 망우본동 시가지가 형성되어 있어 아주 휘황찬란해서 불빛이 화려하다. 망우본동 주민센터 앞쪽의 시장 거리 입구에 도착하니 그곳에 우리를 환영하려고 오신 손님들이 기다리고 있다.

그 손님들은 바로 지역경제과 도상희 팀장과 김우중 직원이다. 출장을 갔다 오는 길에 차량지원 백호민을 만나 여기에서 계속 기다리고 있었던 것이다. 웃는 얼굴로 우리를 반갑게 맞아 주면서 저녁을 사겠다고 한다.

3일차에 여우고개를 넘어온 우리 일행을 묵골 입구에서 보고 너무나 가슴이 두근거려 도저히 참지 못하고 여기까지 달려왔다고 한다. 게다가 김우중 직원은 집이 이 근처인 휘경동이라 한다. 우리가 갈 길에 휘경동도 포함되어 있어 또 한 번 묘한 인연이 닿았음을 경험한다. 회포를 풀던 중 다시 심한 허기를 느낀다. 더 늦기 전에 일단 식당으로 들어가기로 한다.
　오늘의 저녁식사는 동강오리 간판이 붙은 집에서 하기로 한다. 메뉴는 간판에 나오는 동강오리로 한다. 이야기를 하던 중에 집주인들의 집이 영월이라고 한다. 집주인들은 마치 우리를 이웃사촌 만난 것처럼 반가워한다. 그리고 꽤 넓은 식당 안에 있는 손님들에게 정선에서 온 아리랑 로드 답사팀이라 공개적으로 광고를 해 주신다.

그 얘기를 들으니 식당 안 모든 손님들이 너나 할 것 없이 격려의 박수와 환호성을 보내주신다. 오늘로 7일째 마지막 밤인데, 두고두고 잊지 못할 만큼 매우 뜻 깊은 하루이다. 하지만 너무 늦게 도착했기 때문에 이곳에서 그리 오랫동안 회포를 풀 수도 없다. 맛있는 동강오리를 먹으면서 몇 잔 기울이니 어느덧 열 시가 다 되어 간다.

그 자리에서 김우중 직원은 바로 회장님이 되고 도상희 팀장은 회장을 부리는 팀장으로 승격하여 아주 재미있는 분위기가 연출된다. 맛있는 식사도 대접받고 힘든 시간도 모두 잊을 만큼 재미있는 시간도 보냈으니 이 은혜를 어찌 갚을 수 있을까?

한바탕 즐거운 시간을 보낸 후 아쉬운 마음으로 작별을 하고 바로 옆의 숙소인 성수장으로 들어간다. 그곳은 대중 사우나를 겸하는 곳이었는데 여성 전용 사우나라서 우리는 이용할 수 없다고 한다. 그런데 얼마나 덥게 해 놓았던지 가만히 있어도 땀이 줄줄 흘러 피로를 풀기에는 완전 안성맞춤이다. 우리가 정선에서 왔다는 얘기를 하니 주인아주머니와 시어머니 되시는 백발의 할머니가 크게 놀라면서 완전 기가 막히다고 격하게 환영하시며 여러모로 챙겨 주려고 하신다. 그분들은 아마도 오래 숙박업을 하신 것 같았다.

뜨뜻한 방에서 마지막 빨래를 해서 널고 선풍기도 틀었더니 아주 잘 마른다. 그런데 발바닥의 물집은 더 크게 터져서 통증은 아까보다 더 심하다. 대원들을 이끌었던 이재열 답사대장이 많이 피곤했는지 바로 곯아떨어진다. 아마도 여기까지 오는 내내 리더로서의 막중한 책임감 때문에 피로가 더 했으리라 짐작된다. 내일 마지막 날을 위해서 오늘은 다른 날에 비해 거리를 줄여서 걸었다. 어느덧 머나먼 여정길의 마지막 밤을 맞이해서인지 싱숭생숭한 느낌에 잠이 잘 오지 않는다. 이제 내일이면 끝이라니. 믿기지가 않는다.

2014. 6. 26. 06:50 여덟째 날

날짜로는 8일째, 만으로는 7일째 마지막 여정길이다. 망우본동 주민센터 앞에서 출발한다. 그런데 아침식사를 할 식당을 아직 정하지 않았기 때문에 그것은 걸어가면서 정하기로 하고 바로 출발한다.

오늘은 12시까지 정확하게 경복궁과 광화문에 도착해야 하기 때문에 시간과 거리를 재면서 서둘러야 한다. 그런데 갑자기 박종만 대원과의 인연이 있는 김보규라고 하는 임계 친구가 아침을 사겠다고 우리를 따라온다. 힘든 여정길이지만 이래저래 고마운 사람들을 많이 만난 것이 두고두고 기억에 남을 것 같다.

시간이 촉박하기 때문에 길가의 식당 중에 빨리 먹을 수 있는 곳을 택한다. 그러던 중에 발견한 '즉석우동김밥짜장'이라는 집으로 들어가 앉으니 지금 우리에게 딱 맞는 식당이다. 음식도 빨리 나오면서 맛있기까지 한 역사가 깊은 식당이다.

게다가 보기 드물게 마주보는 식탁이 아닌 벽을 향한 선반식 식탁이다. 주인아저씨와 아주머니가 이 근방에서는 역사가 가장 오래된 즉석 식당이라 말씀하신다. 급하게 나온 음식인 만큼 음식 맛도 제대로 음미할 겨를도 없이 서둘러 식사를 마치고 연신 고맙다는 인사를 거듭하고 김보규 일행과 헤어져서 계속 길을 재촉한다.

남쪽의 해가 북으로 비추니 아침부터 완전 더워지는 느낌이다. 그래서 더위를 피하고자 망우로를 따라 그늘이 지는 왼쪽 보행자 도로를 따라서 걷는다. 자주 신호등에 걸려 정지하기 일쑤지만 안전하게 목적지까지 도달하기 위해선 별다른 도리가 없다. 망우역, 중랑역을

지나서 '삼거리'라는 곳을 확인하지 못하고 중랑천(중령개)을 건너는 중랑교를 지난다.

동대문구와 중랑구의 경계가 바로 이곳 중랑천이다. 상하류 방향을 둘러보니 중랑천 역시 하천변을 자전거길과 공원으로 아름답게 포장하여 잘 정리해 놓은 모습이 눈에 들어온다. 조금 더 가면 동대문구에 들어서 휘경동에 이른다. 이곳은 '휘경원점'으로 표시된 지역인데 현재는 휘경여중고교 교정에 휘경원의 내력을 알려주는 표석이 있다고 한다.

휘경원은 조선 정조의 후궁이자 순조의 생모인 수비 박씨의 묘소인데, 별세 후에 휘경이라는 휘호가 주어져서 마을 이름이 휘경리가 되었다고 한다.

회기역 앞을 지나면 나오는 시조사 삼거리에서 6번 국도 왕산로의 왼쪽 길을 택하면 나오는 곳이 바로 그 유명한 청량리역이다. 수많은 에피소드와 희로애락을 지닌 역사를 가지고 있는 청량리역인데 놀랍게도 옛 모습이 조금도 남아 있지 않다. 옛터가 있었던 자리에는 롯데 백화점과 계열사가 크고 웅장하게 서서 주위를 압도하고 있지만 너무 삭막하고 인공적인 느낌이 들어 아무런 감흥이 없다. 멀리 보이는 청량리역의 가파른 계단을 살펴보니 들어가 보고 싶은 마음이 조금도 안 생길 정도로 정감이 가지 않는다. 많이 변해버린 모습이 안타까울 뿐이다.

사람들 모두가 저마다 희망과 좌절을 최소한 몇 번씩은 이곳에서 느꼈을 터인데 새로 지은 건물들과 주변 시설들을 보면 이젠 완전히 다른 나라에 온 것만 같다. 광장 앞에서 이어지는 지하철 1호선 입구만 그대로 남아 있을 뿐 '청량리역 광장 시계탑'의 낭만적인 만남 이

야기도 이제는 기억이 나지 않을 만큼 많이 변해버렸다. 맘모스 백화점이라 하던 곳도 이젠 완전히 바뀌어버리고 이것저것 재미있는 이야기들도 모두 사라졌다.

청량리의 청과물 도매시장 앞을 지나 경동시장 앞의 혼잡한 거리를 지난다. 여름철 뜨거운 햇볕을 맞으며 몇 개의 과일과 몇 단의 채소를 좌판에 놓고 노점을 하시는 어머니들이 줄지어 앉아 있다. 정선의 5일장 거리에 계시는 어머니들과는 또 다른 모습으로 다가온다. 거대한 빌딩 아래 앉아 있는 모습들이 정선의 5일장처럼 정감이 가는 모습이라기보다는 웅장한 건물에 위축되고 압도된 분위기가 느껴져서 왠지 모르게 더 힘들어 보인다.

아마 이분들도 경동시장을 보고 정선 5일장도 보기에 충분한 만큼 인생을 살아오셨을 것이다. 분명히 정선아리랑 몇 마디도 듣고 산나물 몇 뭉치로 저울질도 해보신 분들일 것이다. 그래서 사실상 아리랑은 이분들의 것이나 마찬가지다. 다음에 이 길을 또 갈 때 소리꾼을 이곳에서 기다리게 하였다가 노점에 앉아 있는 분들에게 아라리 한마디 들려주면 좋으련만.

다시 길을 재촉하여 정릉천에 붙어 있는 제기동역을 지난다. 용두동 사거리를 눈앞에 두었을 즈음에 도심에 가까워져 가는 것을 증명이라도 하듯 날씨는 더욱 뜨거워지는 느낌이다. 마지막 물집이 생기는 감촉이 왔을 때 갑자기 "정선 파이팅!", "정선아리랑 파이팅!" 하는 고함 소리가 들린다. 우리 모두 깜짝 놀라서 이리저리 주위를 두리번거리니 넓은 도로 한가운데를 질주하는 웬 옥색 스포츠카가 눈에 띈다. 고급스러운 세련된 오픈카에서 선글라스를 낀 멋쟁이 청년들이 확성기로 외치는 소리다. 그들의 손에는 아리랑 로드 깃발이 들려 있었고, 오픈카에는 "아리랑 로드 종주단 힘내세요"라는 현수막이 달려 있었다.

갑작스레 무슨 일인가 싶어 차를 세워서 물어보니 우리 중 가장 젊은 대원인 조성윤의 친구와 형들이란다. 길을 떠난 사이 이분들이 정선 덕우리에 조성윤을 찾아왔으나 한 발 늦어서 뒤늦게 서울에 갔단 말을 듣고 우리가 청하지도 않았는데도 서울에 입성하는 날에 맞춰서 깃발을 휘날리며 응원을 왔다고 한다.

너무나 멋진 분들이라 젊은 친구들임에도 불구하고 존경심이 절로 든다. 아이스크림과 시원한 물까지 차에 싣고 오니 너무 고맙고 감개무량해서 이 마음을 어떻게 표현할 길이 달리 없다. 하지만 시간을 더 이상 지체할 수 없어 바로 길을 나섰는데도 이 친구들이 두 번씩이나 유턴을 해 가며 "정선 화이팅!"을 외치며 따라오다가 이내 돌아간다. 물론 지나가는 사람들 역시 우리를 보고 힘차게 박수치면서 기꺼이 격려해 주셔서 감사하다.

용두 사거리를 지나 성북천 안암교에 이르니 이곳은 종로구와 동대문구의 경계다. 동대문구청은 조금 전에 왼쪽에 두고 지나갔는데, 잠시 뒤에 만나는 흥인지문(동대문)은 동대문구가 아닌 종로구에 소재해 있음을 미리 밝힌다.

이곳부터 왕산로가 바로 종로에 속한다. 안암교를 건너 신설동역과 교차로를 지나 동묘역, 흥인지문(동대문)으로 이어진다. 지금은 공사 중이어서 모두 막아 놓았기 때문에 사진이 잘 안 나와서 괜히 기분이 별로다. 자주 올 수 있는 곳도 아닌데. 한쪽은 그나마 괜찮아서 찍어 보니 참이슬 광고판이 뒤에 떡하니 버티고 있어서 역시나 흥인지문, 동대문을 기념으로 찍기는 무리다. 다음에 다시 왔을 땐 공사가 마무리되었기를 기대해본다.

가까스로 남쪽을 돌아 서쪽에서 보니 여기는 그나마 햇빛의 방향이라도 맞아서 현대식 건물이 보이지 않게 신경을 써서 한 장 남긴다. 그런데 여기엔 비둘기들만 잔뜩 놀고 있고 애써 찾아온 외국인 몇 명은 가려진 모습에 적지 않게 실망하는 눈빛이다. 주위에 안내나 해설을 할 수 있는 분이라도 눈에 띄면 좋을 텐데 말이다.

12시까지 도착하려면 조금 더 서둘러야 할 것 같다. 도상에서 계측한 거리보다 실제 거리가 더 멀게 느껴진다. 처음에는 13km 정도를 생각했는데 오차가 생겨서 예상보다 시간이 훨씬 촉박한 것 같다. 7시 전에 출발해서 간단하게 아침을 먹고 극심한 더위 때문에 길가의 카페에서 팥빙수 하나를 먹으면서 휴식을 취한 것이 고작인데 어쩌다 이렇게 됐는지 모르겠다.

청계천을 따라서 올라가면 재미있는 볼거리가 좀 있을까 기대가 되지만 촉박한 시간 때문에 종로5가를 지나서 쉬지 않고 계속 걷는

다. 종로5가, 종로4가, 종로3가, 종로2가, 종각역, 보신각, 종로1가 등을 지난다. 이 구간을 지나면서 보니 보신각 앞에는 작은 집회가 열리고 있고 탑골공원 앞쪽에는 어르신들이 계속 모여서 한적하게 휴식을 취하는 모습들이 눈에 띈다. 주변에 보이는 높이 솟은 빌딩들은 과연 대한민국 서울의 심장부 종로를 상징하는 것만 같아 마음이 왠지 모르게 들뜬다.

종로는 청계천과 나란히 길이 나 있어 어디를 택해도 상관없다. 종각역을 지나 세종대로 사거리에 진입하는 길목에 다다른다. 고종 40년 칭경기념비각이 세종대로 입구에서 소중하게 느껴지는 모습으로 자리를 지키고 서 있다. 그 안에는 작은 석탑모양으로 도로 원표도 배치되어 있다.

드디어 세종대로 사거리의 횡단보도를 건너서 넓디넓은 광화문 광장에 도착했다! 정체를 알 수 없는 네 명이 깃발을 달고 똑같은 모자와 아리랑 로드 헝겊을 배낭에 달고 들어가니 금세 이상한 분위기가 연출된다. 정복 경찰과 사복 형사가 순식간에 하나씩 붙어서 꼬치꼬치 캐묻는다. 어디서 왔냐, 몇 명이냐, 무슨 행사나 퍼포먼스를 하냐, 목적지가 어디고 누구를 만나기로 약속했냐 등등 흡사 취조하는 마냥 이것저것 물어본다. 그래서 우리는 아리랑 로드를 위해 여기까지 왔다고 하면서 간략하게 자초지종을 이야기하니 그들은 그제야 안심하는 눈치다.

기념 촬영을 하려고 하는데 사진도 솔선해서 찍어 주면서 반갑게 얘기를 붙인다. 처음에는 영문을 몰랐는데 사정을 들어보니 하도 많은 사람들이 이곳에서 시국 관련, 세월호 관련 각종 집회와 시위, 퍼포먼스 등을 기습적으로 하기 때문에 사전에 정보활동을 하고 있는 중이란다. 어차피 우리도 공무원이니까 걱정말라고 그들을 안심시

키고 갈 길을 계속 간다.

　이곳이 바로 광화문 광장이다! 그동안 숱한 고생을 하면서 발이 아픈 것도 잊어버릴 정도로 감개가 무량하다. 말로는 표현할 수 없는 뿌듯한 마음으로 모두가 함께 기념사진을 찍고 이순신 장군 동상을 지나 세종대왕 동상을 향한다. 잠시 시간을 내어 지하의 세종대왕 기념관도 들렀다가 나온다.
　바로 그때 정선군의 명예군민 김성국 선생님이 이곳에 나타나셨다. 시원한 물과 함께 큰소리로 환영한다고 외치시며 축하해주신다.

　먼 길을 걸어온 우리의 마음과 공감하시는 것처럼 그분도 스스로 감격하시면서 영웅이라고 계속 찬사를 아끼지 않으신다. 우리는 뭘 이런 걸 가지고 영웅이란 말까지 입에 담으시냐고 하면서 멋쩍은 웃음을 짓는다.

지금은 일단 일부러 언론에 도착시간을 알리지 않고 조용히 여정을 마치겠다는 뜻을 말씀드린다. 이번 여정은 대외적인 홍보와 함께 이루어지는 이벤트가 아니기 때문이다. 100여 년 전 오횡묵 군수님이 걸어가신 길, 아리랑 로드를 실제적으로 걸을 수 있는지를 답사하는 데 의의를 둔 여정이었기에 서울 경복궁에 반드시 걸어서 도착할 수 있느냐가 관건이었다.

그러는 사이 정선에서 올라온 '무사도착 축하환영팀'이 이곳에 도착한다. 아마 망우리 여관 앞에 세워 둔 지원 차량을 찾아서 여기까지 가져오느라 열두 시를 조금 넘겨서 도착한 모양이다. 날씨도 많이 더운데 헐레벌떡 뛰면서 광화문 앞 광장까지 들어온다. 정선의 관광캐릭터인 와와군 인형을 들쳐 업고 여기로 온다. 차량지원 백호민과 김대순, 경순현 등이 함께 왔다.

광화문 앞에서 이들과 함께 와와군을 놓고 공식적으로 기념 촬영을 한다. 드디어 이 머나먼 아리랑 로드 대장정이 마무리되기 직전이다. 현수막에는 직원들이 우리의 안전과 무사 귀환을 바라는 격려의 문구들이 자필로 서명되어 있다.

비록 네 명이 걸었지만 정선의 문화관광과 직원 모두가 한마음으로 걸은 것이나 마찬가지다. 여비까지 받아서 그 머나먼 길을 걸어서 정선군청 공무원을 대표해 서울에 입성한 것이다. 게다가 지방 언론에까지 우리의 행보가 보도됐으니 군민 모두의 염원을 등에 지고 우리는 걸어온 것이다.

사전 답사 때에는 광화문을 배경으로 기념 촬영을 했으니 이제 오

아리랑 로드 | 191

횡묵 군수님이 하셨던 것처럼 광화문을 거쳐서 경복궁에 들어가야 한다. 횡단보도를 건너서 궁궐 수비대 교대식을 하는 곳을 지나 광화문으로 들어간다. 매표소를 거쳐 근정문을 통해 근정전 앞뜰로 들어가 용상을 바라보며 아리랑 로드의 기나긴 여정을 여기에서 마무리한다.

몇 년 전부터 생각해왔고 몇 번이고 출장을 가면서 살폈던 길, 누구나 한번쯤 가 보고 싶고 가 봐야 할 아리랑 길. 걸어서 가는 정선~서울. 우리는 해냈다. 그리고 또 누군가가 이 길을 따라 걸어 오기를 바래본다.

아리랑 로드, 세계를 잇다

　오는 내내 누군가 계속 우리를 뒤따라오는 듯한 느낌이 들었다. 네 명이 걷는데 한 여덟 명은 동행하는 듯한 느낌이었다. 아마도 오횡묵 군수님과 그 일행이 아닌가 싶다.

　임금님께서 정사를 보는 대전에 부복하여 아뢰었을 오횡묵 군수님을 생각하며 한없는 감사의 마음을 전하고 싶다. 정선총쇄록은 정선의 자랑스러운 보물이기 때문이다. 100년 전 모습을 사진 찍듯이 보여주고 있기 때문에 그 무엇과도 바꿀 수 없는 정선의 국보라고 감히 자부하고 싶다.

　언젠가 정선의 모습을 100년 전에 쓰인 이 기록대로 재현해본다면 어떨까? 여기까지 오는 동안 수많은 사람들을 만나면서 정선을 알고 아리랑을 아직도 기억하시는 분들이 참 많음을 다시금 느낄 수 있었던 여정이었다. 100년 전에 기록된 마을 이름에 관해서 많은 부분의 실상을 직접 확인할 수 있어서 더욱 유익한 시간이었다. 누가 뭐래도 아리랑 로드는 지금 여기에 살아 숨 쉬면서 존재하고 있다.

머나먼 정선에서부터 출발하여 황장목 소나무가 어딘가에 있을 것 같은 이 경복궁까지 왔지만 여기에서도 아리랑 로드는 그치지 않고 계속된다. 여기에서 Arirang Road 영문과 아리랑 로드 한글을 보고 중국과 일본 관광객들이 아리랑을 안다면서 격하게 반가워하며 많은 사람들이 모여들어 기념 촬영을 하자고 한다. 다 함께 아리랑을 외치며 외국인들과도 찰칵.

세계 어디에서든지 한국인이 있는 곳에 아리랑이 함께 있다. 그 아리랑의 중심에는 정선이 있고 2018 평창 동계 올림픽이 열릴 때 정선에서 알파인 스키라고 하는 경기가 열린다. 바로 이때, 우리가 걸어온 길과 같이 세계 곳곳을 잇는 아리랑 로드가 이어져 온 세계가 하나가 될 것이라 믿어 의심치 않는다.

정선으로 돌아오는 길

　먼 길을 걸어온 우리를 보시고 김성국 명예군민께서 직접 점심을 대접하겠다고 하신다. 이조약수돌솥밥 한정식으로 다 같이 모였는데, 여기에서 대원들과 축하팀 그리고 정선의 스토리를 지원하겠다고 오신 브랜드스토리 정영선 님도 함께했다. 참으로 고마운 분들이라 뭐라 드릴 말씀이 없다. 참고로 김성국(김한) 님은 정선 군민의 노래를 직접 작사하여 주신 분이다.

　자동차를 타고 차창 밖으로 우리가 걸어갔던 길들이 보인다. 올 때는 그렇게 힘들고 고생스러웠는데 돌아가는 길에 보니 어찌나 정겨운 마음이 들던지. 아마 평생 가도 못 잊을 것이다. 제일 고생했던 문재 터널을 지나면 보이는 정자에서 마지막 남아 있는 술을 기울이니 지난 7일간의 여정이 술잔에 비친다. 이제 다시 일상으로 돌아간다. 아리랑 로드를 답사한 의미를 지니고 있는 곳 그리고 우리를 애타게 기다리는 사랑하는 가족이 있는 곳, 정선 땅으로.

▶ 부록 1

아리랑 로드 답사길 7일 요약

1일차 6. 19 (목)

정선군청을 출발, 정선초등학교와 정선 병원 앞 우시장터를 지나서 하동길을 택한다. 이 길이 과거 정선 관아로 들어오는 관도이다. 길은 외길로 송정암(송사바위)을 지나 오리장(오리정), 관음동(의상대), 짐포리를 지난다. 세대(누리대)에 이르러 갈래길이 나오는데 왼쪽은 제방길이고 오른쪽은 마을길이다. 두 길 모두 용탄으로 연결된다.

마을길로 접어들면 잠시 후에 두 갈래 길이 나오는데 오른쪽은 마을 회관을 거쳐 생탄과 동곡으로 가는 길이다. 여기서 왼쪽 마을 중심으로 지나는 길을 택해 세대 아래쪽에서 제방길과 만나 비룡동 입구 안말까지 온다. 이곳부터 용탄리다. 만물상회를 지나면서 마을 옛길로 접어든다. 벽탄역 터로 추정되는 행매동 갈림길과 벽탄초등학교 앞을 지나 신론가는 길 입구에서 지방도와 만난다. 이 길로 다래뜰을 지나 회동리 솔밭, 회동 마을을 거쳐 가리왕산 휴양림 매표소에 이른다.

가리왕산 수양 황토펜션 010-9669-4735. 저녁은 근처 식당에서 배달. 거리 12.45km. 소요 시간 4시간 (13:40~17:40).

2일차 6. 20 (금)

가리왕산 휴양림 매표소에서 입장권을 끊고 출발한다. 휴양림 주차장과 야영장 휴양관 펜션을 지나 계속 임도를 따라 무인지경(無人之境)으로 들어간다. 반암으로 추정되는 몇 군데를 지나면 임도와 말목(마항) 마을이 갈라지는 갈래길이 나온다. 오른쪽 말목길을 택해 작은 잠수교를 지나 벌치는 곳과 사방댐, 작은 농원을 지난다. 조금 넓은 터가 나오는 곳에 폐교된 마항 분교가 있다. 건물을 지나면 왼쪽으로 계곡이 연결되는 갈림길이다. 이 왼쪽 계곡을 타고 오르는 길이 벽파령을 넘는 길이고 오른쪽 임도길로 계속 가면 몇 채의 집들이 있는 마항 마을이다.

왼쪽 계곡에 매어져 있는 줄을 잡고 건너면 별장이 있고 별장 뒤 계곡을 쳐다보면 오른쪽 사면에 벽파령 옛길이 있다. 오르고 올라 헤어졌던 임도와 다시 만나면 그곳에 벽파령이란 임도 이정표가 있다. 여기서 약간 왼쪽으로 임도길을 잡아 길 위를 올려다 보면 언덕 위부터 벽파령 옛길이 있다. 이정표 있는 곳부터 10분 이내 거리가 벽파령 정상이다. 정선과 평창의 경계.

옛길을 따라 내려가면 평창군 대화면 하안미리 가평길 임도를 만난다. (중식 장소) 몽골파크 이정표를 지나 갈번지교 근처에 다다르면 잘 단장된 펜션단지가 있고 신천교, 가평 삼거리가 나온다. 마을의 본동이다. 왼쪽으로 경로당과 가평초교를 지나 지방도를 따라서 계속 내려간다. 제방길을 번갈아 걸어 거사전이라 기록된 게이트볼장을 지나 소하천길을 계속 내려오면 사축 거리에 해당하는 곳에 대화면에서 만든 동천 공원을 만난다.

여기부터 왼쪽으로 국도 31호선을 타고 위험한 갓길을 걸어서 거기 매운탕까지 간다. 그곳부터 국도에서 갈라진 제방길, 방림삼거리 방림교, 천제당 유원지라는 이정표가 있고 마을길을 따라 들어가 제방으로 나 있는 하천변길을 따라 간다. 안전한 길이다. 방림면 복지회관 뒤에서 시가지로 나와 필요한 물건을 보충하고 걸어서 성황당을 지나 뇌운 계곡 갈림길까지 안전하게 나온다.

여기부터 여우재 옛길을 만나는 은골까지는 국도를 대신할 마을길이 없다. 위험하지만 국도변 갓길을 걸어서 송어장 식당을 지나 여우재 옛길로 들어선다. 숲으로 우거진 옛 신작로를 따라 한참 오르면 오늘의 여정이 마무리되는 숙소다. 여우재를 자동차로 오르다 보면 왼쪽 소나무 숲 속에 보이는 솔잎 찜질 펜션이 있는 곳이다.

수가솔방 펜션 033-333-3393(방림면 운교리). 35.40km. 소요시간 11시간 40분(06:50~18:30). 아침 도시락, 점심 도시락, 저녁 수가솔방 펜션. 오후에 비.

3일차 6. 21 (토)

　수가솔방에서 나와 연결된 여우재 옛 국도였던 신작로를 타고 오르면 호현교를 지나서 나오는 고갯마루가 여우재 옛길, 고개 너머 먹골 운교2리를 지나 갈림길에서 국도 42호를 만나 왼쪽으로 국도를 따라 걸어 백덕산 등산로 입구를 알리는 곳의 운교 삼거리에 온다. 여기서 옛 신작로의 운곡교가 건물 뒤에 있는데 계곡을 보면서 오른쪽으로 작은 마을길 배나무골로 들어선다. 약 1km 걷다 오른쪽으로 난 굴다리를 택하여 문재를 넘기 위한 칡사리길 신작로를 걷는다. 문재 옛길 정상. 평창군과 횡성군 경계.
　네 개의 도로가 고개 정상에서 만나는데, 일단 고개를 넘은 다음 왼쪽의 도로를 따라 명품 숲길이라 명명된 옛 신작로를 지나면 안흥 상안2리로 내려가는 국도 42호선을 만난다. 국도 왼쪽을 따라 조금 걷다 보면 상안2리 마을회관 앞의 길로 접어들어 물안교를 건너서 마을길, 제방길을 번갈아 걷다가 맥수교까지 와서 오른쪽에 나란히 있는 국도로 나와 왼쪽 길로 걷는다.
　안흥초교 근처에 이르면 국도에 보행자 인도가 설치되어 있다. 안전하게 안흥 시내로 들어와서 관통하여 옛 다리 실미교를 건너 왼쪽으로 국도와 만나는 곳 제방에 설치된 워킹 코스를 따라간다. 단지골 가는 길 입구에서 안흥 터널 옆 폐쇄된 국도를 따라 간다. 전재 터널 입구 신지골 교차로에서 전재를 넘어가는 폐도를 택해 전재 옛길 정상에 오른다. 차량통행 불가로 막아놓은 길. 안흥면과 우천면의 경계.

전재터널 위로 난 국도 옛길인 전재로를 택하면 넘어 오원3리, 오원1리, 새말 삼거리에 이른다. 이곳까지는 국도의 위험을 피해 왔다. 이곳부터 원주까지는 계속 국도 42호선 길밖에 없다. 새말 한우타운 앞에서 왼쪽 원주 방면으로 걸어 치악산 국립공원 입구인 학곡 삼거리에 이른다. 오늘은 학곡 저수지가 있는 여기까지.

학곡 민박(원주시 소초면 학곡리). 033-732-5570. 33.34km. 소요 시간 11시간 30분(07:15~18:45). 아침 수가솔방 펜션, 점심 만선 장어구이, 저녁 치악산 한우. 오후에 비.

4일차 6. 22 (일)

어제 내린 비로 상쾌하게 학곡 삼거리를 출발한다. 계속 국도 42호선 치악로를 따라 걷는다. 분홍색 손수건을 오른손에 들고 많은 차량들에게 흔들어 인사하며 왼쪽 길로 걷는다. 백배미길, 밤나무정(기록 율목정)을 지나 교항리 대동에 이른다. 평장리 고개를 넘어 어제의 목표지였던 소초 면사무소 소재지에 이르러 뒷길로 돌아 옛 거리를 가로질러 면사무소 등을 살피며 지난다.

싱근솔길(식송정, 수암리), 돌모루(석우점, 흥양리), 강원과학고, 원주 화장장, 가매기 사거리(부현), 학봉정 삼거리, 태학교, 평원 사거리, 평원로, 중앙로 문화거리, 원일로, 강원 감영에 이른다. 포정루와 징청문, 관찰사가 정무를 보던 선화당도 있다. 이곳에 오횡묵 정선군수의 원주 감영에 관한 기록도 전시관에 함께 있는데 원주 감영 대부분의 배치도가 정선총쇄록 기록에 의한 것이라고 한다.

원일로 나서서 계속 북쪽 원주역 방면으로 간다. 원주역 사거리, 단계 사거리, 점말 사거리, 청골 사거리를 지나는 곳까지는 42번 국도변에 보행자 도로가 설치되어 있어 걷기에 수월하다. 여기부터는 보행자 도로가 없고 갓길도 들쭉날쭉하다. 가장 위험한 구간이 오늘 오전의 학곡 삼거리에서 화장장까지 그리고 이곳부터 사제 사거리에 이르는 구간이다.

청골 사거리를 지나 만종 삼거리까지 42번 국도변은 공업화와 도시화로 인해 매우 위험하고 불안정한 상태다. 차량들도 고속도로 이상의 속도를 낸다. 갓길로 걷다 대명교에 이르러 왼쪽으로 난 옛 국도에서 잠시 쉬었다가 걷는다. 다시 4차선 국도로 나와 만종 삼거리, 만종초교, 만종역 삼거리, 만종교를 지나 사제 사거리에 이른다. 여기에서 시도인 보통로를 택해 간현 방면으로 내려선다. 교차로 근처에도 보행자용 갓길이나 횡단보도 등이 없어 위험한 곳이다.

옛 국도를 시도로 관리하는 보통로를 따라 보통리 광터(광허)마을, 광터 경로당, 광터교를 건너지 않고 지나서 계속 간다. 동화역(만낭포)을 지나 만낭포 1길을 택해 마을로 들어가 나루터가 있던 곳의 만낭포 마을을 지나 지정로를 택해 동화교를 건넌다. 여기가 작동(작두동)이다. 지정초등학교를 바라보고 나가다가 왼쪽으로 틀어서 왕건로를 택하여 중앙선 과하교를 지나 서곡천 경장교를 건넌다. 이렇게 복잡하게 걷는 이유는 4차선 국도변의 위험을 피해 안전한 길을 택하기 위함이다.

여기서 서곡천을 따라 잠시 내려가면 섬강과 만나는데 섬강 자전거길 이정표를 따라 강변 자전거길을 편하게 걷는다. 안창대교를 곧 만나게 되는데 안창대교 직전에서 왼쪽 길로 벗어나 농로를 택하면 안창대교로 연결되는 길이 나온다. 자전거길은 안창대교 밑으로 계속 내려가기만 한다. 안창대교를 건너면 안창리 마을이다. 옛날 안창역이 있던 곳. 오늘은 여기까지.

백악관 모텔(문막읍 동화리). 033-734-2892. 32.20km. 소요 시간 12시간 2분(07:10~19:12). 아침 시골 손두부, 점심 장수 영양탕, 저녁 밤나무집 영양탕. 오후에 비.

5일차 6. 23 (월)

안창리 능촌에서 계속 지방도 88호선을 타고 안창2리 이운동 대송치 고개에 오른다. 원주시 지정면과 양평군 양동면의 경계. 계속 지방도를 따라 삼산2리 솔치 마을을 지나 장터 마을에 이른다. 이곳은 양동면 단석리(옛 지평현 상동면 부연리로서 면 소재지였음)이다. 단석 교차로에서 왼쪽으로 계속 88번 지방도를 따라 단석2리(송석정), 요곡, 단석3리(거단), 서화고개(시화치)에 이른다. 양평군 양동면과 여주시 북내면의 경계다.

서화마을, 서원리 원골(원곡)을 지나 주암리 사거리에 이르기 직전에 마을 제방길로 오른쪽 길을 택한다. 다락골길로 마을길과 제방길을 번갈아 호젓한 길을 걸어 못저리(모절리). 이곳은 여주시 북내면과 양평군 지평면의 경계. 지산4교, 일신 보건지소까지 계속 지방도 345번 도로를 나란히 타고 와서 합류한다.

무왕2리 거치리, 무왕1리 초천, 전양고개(견양현)를 지나 망미1리 절운 마을, 석불역, 망미2리 바깥 섬부리를 지난다. 지평면 소재지로 들어와 면사무소와 지평 장터의 국밥거리를 지난다. 오늘은 여기까지.

프로파크 모텔(지평면 송현리). 031-773-2464. 32.00km. 소요시간 12시간 7분(07:33~19:40). 아침 왕영 설렁탕, 점심 활거리 보신탕, 저녁 아사달 숯불 돼지갈비.

6일차 6. 24 (화)

지평 면사무소를 출발하여 용문, 양평으로 나아간다. 지방도 341번이다. 지평역을 지나 지평의병 교차로, 송현1리 역말, 의병교, 그릇 고갯길을 따라 흑천을 건너는 화전교를 건너서 용문에 이른다. 시내로 들어가 시가지를 관통해도 되고 중앙선 철로를 만나서 바로 왼쪽 마을길을 택해 철길과 나란히 걸어 용문역에 도착해도 된다.

　용문 레일바이크 옆을 지나서 용문로를 따라 2단 도로, 삼성 육교를 지나 대흥로를 따라 대흥1리 황골 입구, 도곡2리 가재울, 백안2리 장골마을, 백안1리 흰골마을, 공흥2리 수청골을 지난다. 지평에서 이곳까지 오는 내내 경강로 4차선 도로가 있지만 보행자 도로가 없어 계속 지방도와 군도 등을 찾아 구불구불 걷는다.

　양평 시내로 들어오는 중앙로를 택하여 걸었다. 양평 시장, 양평역, 양평군청, 양평 문화원으로 이어지는 시냇길을 택하였다. 이곳에서 중앙선 폐쇄 후 개통한 남한강 자전거길인 물소리길을 따라 양수 방면으로 나아간다. 보행자 도로가 있으면 왼쪽으로, 없으면 오른쪽으로 보행이다. 안전한 길이다.

　아신역, 기곡 터널, 복포 철교, 국수역, 비석거리(비립), 신원1리(월계), 신원역, 용담 터널, 양수 육교, 양수역에 이른다. 옛날 이수두나 두물머리, 용진이라 부르던 곳. 양수리에 왔다. 한강과 북한강이 만나는 곳. 오늘은 여기까지.

　이프 모텔(양서면 용담리). 031-773-2919. 39.12km. 소요 시간 12시간 30분(07:55~20:25). 아침 친절식당, 점심 제비전집, 저녁 양수가든.

7일차 6. 25 (수)

새로 지은 3층 높이의 양수역을 출발하여 남한강 자전거길(두물머리길)을 따라 걷는다. 북한강에 걸려 있는 구 양수철교를 건너면 남양주시 조안면과 경계이다. 조안2리, 방아다리, 능래역을 지나 다산유적지를 주위에 두고 팔당댐, 팔당2리, 조개울에서 폐철로 자전거길은 종점이다. 이곳부터 한강변 자전거길로 이어진다.

팔당역 앞과 팔당대교를 지나 동막 삼거리 앞, 도심역, 덕소역 앞을 지나면 계속 한강 자전거 도로이다. 삼패 사거리 앞과 한강공원 삼패 지구를 지나 삼패 풋살장이 있는 곳에서는 경강로에서 갈라져 나온 고산로 4차선 도로로 가야 한다. 더 가면 많이 돌아서 구리시로 오게 된다.

고산로에 올라서 바로 횡단보도를 건너 오른쪽으로 따라가는 마을 길을 따라 나란히 간다. 석실교, 수석IC와 가운 사거리를 연달아 지난다. 이곳부터 보행자 도로가 있는 시가지 도로라 안전하게 걷는다. 검배로에 접어들어 왕숙천을 건너는 토평교. 남양주와 구리시 경계이다.

토평교를 지나면 구리시에 접어든다. 검배 사거리, 수택동 사거리, 돌다리 사거리에서 경춘로를 만나 왼쪽으로 서울 방향이다. 돌다리 택시 승강장, 교문 사거리, 망우리 고개. 서울시 중랑구와 구리시의 경계다. 이곳부터 망우로다. 망우본동, 망우본동 주민센터 앞

시장거리 입구. 오늘은 여기까지.

성수장 모텔(중랑구 망우동). 26.69km. 12시간 45분(07:55~20:40). 아침 남원 추어탕 황태 해장국, 점심 할머니 손두부, 저녁 동강오리.

8일차 6. 26 (목)

만 7일째 마지막 여정길이다. 망우본동 주민센터 앞을 출발하여 망우로를 따라 그늘이 지는 왼쪽 보행자 도로를 따라 걷는다. 자주 신호등에 걸려 서기 일쑤지만 별다른 도리가 없다. 망우역, 중랑역, 중랑천을 건너는 중랑교를 지난다. 동대문구와 중랑구의 경계를 지난다. 동대문구에 들어서 휘경동, 회기역 앞을 지나 시조사 삼거리에서 왕산로로 왼쪽 길을 택한다. 청량리역, 정릉천, 제기동을 지난다. 용두동 사거리를 지나 성북천. 종로구와 동대문구의 경계다.

이곳부터 왕산로가 종로로 된다. 안암교를 지나 신설동역과 교차로를 지나 동묘역, 흥인지문(동대문)이다. 종로5가, 종로4가, 종로3가, 종로2가, 종로1가, 종각역, 보신각을 지나는 동안 계속 청계천과 나란히 길이 나 있다. 어디를 택해도 된다. 고종 40년 칭경기념비각의 도로 원표가 있는 곳에서 세종대로 사거리 횡단보도를 통해 광화문 광장으로 나아간다. 이순신 장군 동상, 세종대왕 동상, 광화문, 경복궁 근정전 앞뜰에 이른다.

17.20km. 소요 시간 5시간 10분(06:50~12:00). 아침 즉석우동김밥짜장, 점심 이조약수 돌솥밥.

정선으로 자동차로 귀가.

▶ 부록 2

2014 ⇒ 1887년 서울~정선 오가는 길
- Arirang Road 여정길 정리

구 분	여정길 경로	잠잘 곳	거리	시간	비고
계			228.4 km	81시간 4분	
1일차 6. 19 (목)	정선군청→송정암(송사바위)→오리장(오리정)→관음동(의상대)→봉양세대(누리대)→용탄리 벽탄역→가메실→회동리 다래뜰→가리왕산 휴양림 매표소	가리왕산 향토펜션 (정선읍 회동리) 010-9669-4735	12.45 km	13:40 ~17:40 4시간	저녁 : 가리왕산 향토펜션
2일차 6. 20 (금)	가리왕산 휴양림 매표소→무인지경→(반암)→마항(마항, 말목)→마항분교→벽파령→정선경계→복허거리→가평→거사전→사축거리→동천공원→방림삼거리→천제당 유원지→뇌운계곡 갈림길→여우재 옛길→방림면 운교리	수가솔 방펜션 (방림면 운교리) 033-333-3393	35.40 km	06:50 ~18:30 11시간 40분	아침 : 도시락 점심 : 도시락 저녁 : 수가솔 방펜션

208

일정	경로	숙소	거리	시간	식사
3일차 6. 21 (토)	방림면 운교리→호현교→운교2리 먹골→운교삼거리→운곡교→배나무골→칡사리 신작로→문재옛길→평창과 안흥 경계→문재옛길→상안2리 물안교→맥수교→안흥초교→안흥면사무소→실미교→워킹코스길→신지골 교차로→전재옛길→안흥과 우천면 경계→오원3리→오원1리→새말삼거리→원주시 소초면 학곡리	학곡민박 (서초면 학곡리) 033-732-5570	33.34 km	07:15 ~18:45 11시간 30분	아침 : 수가솔방펜션 점심 : 만선장어구이 저녁 : 치악산 한우
4일차 6. 22 (일)	학곡삼거리→백배미길→밤나무정(율목정)→교황리 대동→소초면사무소→싱근솔길(식송정)→돌모루→가매기 사거리(부현)→학봉정삼거리→원주 감영→원주역사거리→단계사거리→점말사거리→청골사거리→만종역삼거리→광터(광허)→동화역→만랑포→작동(작두동)→왕건로→서곡천 경장로→섬강 자전거길→섬강(정량천)→안창대교→(안창, 역말)	백악관 모텔 (문막읍 동화리) 033-734-2892	32.20 km	07:10 ~19:12 12시간 2분	아침 : 시골 손두부 점심 : 장수영양탕 저녁 : 밤나무 집 영양탕
5일차 6. 23 (월)	안창리 능촌→안창2리 이운동 대송치 고개→원주시 지정면과 양평군 양동면 경계→삼산2리(솔치)→양동면 단석리(지평현 상동면부연리)→단석교차로→단석2리(송석정)→요곡→단석3리(거단)→서화고개(시화치)→양평군 양동면과 여주시 북내면 경계→서화마을→서원리 원꼴(원곡)→주암교→여주시 북내면과 양평군 지정면 경계→지산4교→주암교→못저리(모절리)→무왕2리 거치리→무왕1리 초천→전양고개(견양형)→망미1리 절운마을→석불역→망미2리 바깥섬부리→지평면사무소	프로파크 모텔 (지평면 송현리) 031-773-2464	32.00 km	07:33 ~19:40 12시간 7분	아침 : 왕영설렁탕 점심 : 활거리보신탕 저녁 : 아사달 숯불 돼지갈비

일차	경로	숙소	거리	시간	식사
6일차 6. 24 (화)	지평면사무소→지평역→지평의병교차로→송현1리 말→의병교→그릇고개길→화전교→용문역→삼성육교→대흥1리황골→도곡2리 가재울→백안2리 장골마을→백안리 흰골마을→공흥2리 수청골→양평시장→양평역→양평군청→양평문화원→남한강 자전거길(물 소리길)→아신역→기곡터널→복포철교→국수역→비석거리(비립)→신원1리(월계)→신원역→용담터널→양수육교→양수역	이프 모텔 (양서면 용담리) 031-773-2919	39.12 km	07:55~20:25 12시간 30분	아침 : 친절식당 점심 : 제비전집 저녁 : 양수가든
7일차 6. 25 (수)	양수역→남한강 자전거길(두물머리길)→남양주 조안2리 방아다리→능래역→팔당댐→팔당2리 조개울→팔당대교→동막삼거리→도심역→덕소역→삼패사거리→석실교→왕숙천→가운사거리→남양주와 구리시 경계→토평교→검배사거리→수택동사거리→돌다리사거리→돌다리 택시정류장→교문사거리→망우리고개→구리시와 서울 중랑구 경계→망우본동→망우본동주민센터	성수장 모텔 (중랑구 망우동)	26.69 km	07:55~20:40 12시간 45분	아침 : 남원 추어탕 황태 해장국 점심 : 할머니손두부 저녁 : 동강 오리
8일차 6. 26 (목)	망우본동주민센터→망우역→중랑역→중랑교→중랑천→서울의 문 동대문→회기역→시조사삼거리→청량리역→경동시장사거리→정릉천→제기동역→용두동사거리→안암교→신설동역→동묘역→흥인지문(동대문)→이화사거리→종로4가→종로3가→종로2가→종로1가→종각역→보신각→칭경기념비→세종대로사거리→광화문광장→이순신동상→세종대왕동상→광화문→경복궁 근정전		17.20 km	06:50~12:00 5시간 10분	아침 : 즉석우동짜장 점심 : 이조 약수 돌솥밥

※ 하루평균 답사거리 및 시간 : 33km / 11시간 57분

아리랑 로드로 떠나기 위해서는
여러 가지 준비가 필요하다.
먼저 기록에 남겨진 길을 찾는다.
불과 127년 전,
휘몰아치는 역사의 소용돌이를 겪으면서
지명이 급격하게 변했기 때문에
오늘날 길을 찾는 데에는 너무나 어려움이 많다.
고을 이름은 한자로 되어 있지만
마을 이름은 우리말을 한자로 기록한 형태여서
서로 판이하게 다른 곳이 많다.
특히 대한민국의 격동기였던 1910년대를 거쳐서
인위적인 변천이 많아졌기 때문에
현장을 살펴보지 않고는
어디를 걸었는지 도무지 알 수 없는 곳이 많다.

아리랑 로드 228.4km

2018 동계올림픽 성공 개최 기원 정선=>서울 종주
JEONGSEON-SEOUL
SINCE 1887
아리랑 로드
260km
국립
가리왕산자연휴양림

Arirang Road
아리랑 길 600리
정선 => 서울
8 일차

2018 동계올림픽 성공 개최 기원 정선=>서울 종주
JEONGSEON-SEOUL
SINCE 1887
아리랑 로드
260km

출간후기

이 책은 100년 전에 작성된 기록을 보고 재현해보겠다고 무모하게 떠난 정선군 공직자 5명의 아리랑로드 대원들의 7일간의 여정을 담고 있습니다. 이 책에는 그들의 아주 생생한 감회가 담겨 있어서 독자들로 하여금 함께 여정을 떠나는 듯한 느낌을 줍니다.

권선복
도서출판 행복에너지 대표
대통령직속 지역발전위원회
문화복지 전문위원

물론 떠나기 전에는 늘 두려움이 앞섭니다. '걱정'이라는 핑계를 대고 도전을 '무모'하다는 말로 매도하면서 많은 이들이 안주하고 살아갑니다. 하지만 그렇게 안주하고 살아가는 세상이 과연 재미있을까요? 진정한 모험과 도전만이 우리를 성장시키고 우리의 삶을 즐겁게 해주는 것이라 믿습니다. 그런 의미에서 이 책의 저자인 아리랑로드 팀원들은 진정으로 인생을 즐길 줄 아는 사람들이라는 생각을 합니다.

긴 여정을 걷다 보면 늘 시행착오가 발생합니다. 길을 잃기도 하고 길을 잘못 들어 다시 왔던 길로 돌아가기도 하고 챙겨야 할 준비물을 빠뜨리기도 합니다. 때로는 물집이 나고 벌에 쏘이고 풀에 베이는 등 여러 가지 시련도 있습니다. 피곤합니다. 갈증이 납니다. 하지만 목표가 있기에 나아갈 수 있습니다. 그리고 그 목표에 도착해본 이들만이 경험이라는 것을 할 수 있습니다. 실패를 두려워하지 마십시오.

그 경험의 끝이 궁금하지 않으십니까? 지금이라도 떠날 준비를 하십시오. 새로운 여정을 준비하는 이들에게 이 책을 권합니다. 이 책과 함께 우리 모두 새로운 모험을 떠날 준비를 했으면 합니다. 이 책을 읽을 독자들에게 팡팡팡 힘찬 행복에너지가 샘솟아 나길 기원합니다.

'행복에너지'의 해피 대한민국 프로젝트!
〈모교 책 보내기 운동〉

대한민국의 뿌리, 대한민국의 미래 **청소년·청년**들에게 **책**을 보내주세요.

많은 학교의 도서관이 가난해지고 있습니다. 그만큼 많은 학생들의 마음 또한 가난해지고 있습니다. 학교 도서관에는 색이 바래고 찢어진 책들이 나뒹굽니다. 더럽고 먼지만 앉은 책을 과연 누가 읽고 싶어 할까요? 게임과 스마트폰에 중독된 초·중고생들. 입시의 문턱 앞에서 문제집에만 매달리는 고등학생들. 험난한 취업 준비에 책 읽을 시간조차 없는 대학생들. 아무런 꿈도 없이 정해진 길을 따라서만 가는 젊은이들이 과연 대한민국을 이끌 수 있을까요?

한 권의 책은 한 사람의 인생을 바꾸는 힘을 가지고 있습니다. 한 사람의 인생이 바뀌면 한 나라의 국운이 바뀝니다. **저희 행복에너지에서는 베스트셀러와 각종 기관에서 우수도서로 선정된 도서를 중심으로 〈모교 책 보내기 운동〉을 펼치고 있습니다.** 대한민국의 미래, 젊은이들에게 좋은 책을 보내주십시오. 독자 여러분의 자랑스러운 모교에 보내진 한 권의 책은 더 크게 성장할 대한민국의 발판이 될 것입니다.

도서출판 행복에너지를 성원해주시는 독자 여러분의 많은 관심과 참여 부탁드리겠습니다.

도서출판 **행복에너지** 임직원 일동

문의전화 0505-613-6133

『긍정의 힘』 2탄 공저자를 모집합니다!

개요

1. 공동 저자: 총 36명
2. 책 전체 분량: 380쪽 내외(1인당 10쪽 내외)
3. 원고 분량: A4용지 5장(글자크기 10포인트, 줄 간격 160%)
4. 경력(프로필): 10줄 이내
5. 사진: 자료사진 3매, 사진 설명 20자 미만
6. 신청 및 원고 접수: 수시 마감
7. 출간 예정일: 연 3회

긍정, 행복, 성공에 관한 이야기를 독자들에게 전하고 나눌 수 있는 내용의 원고를 자유로운 형식으로 작성하여 제출해 주시면 행복에너지 소속 전문 작가가 독자들이 읽기 편하도록 전반적인 윤문과 교정교열을 할 예정입니다.(원고는 ksbdata@daum.net 으로 송부해 주시기 바랍니다.)

책 발행비용은 100만 원이며 저자에게 발행 즉시 100부를 증정합니다. 발행비용은 신청 시 50만 원, 편집완료 시 50만 원을 '국민은행 884-21-0024-204 도서출판 행복에너지 권선복'으로 입금해 주시면 되겠습니다.

자세한 문의는 언제든지 하단의 전화, 이메일을 통해 연락을 주시면 성실히 답변을 드리오며 원고 내용이나 책에 관해 궁금하신 분들은 도서 『긍정의 힘』을 직접 참조해 주시기 바랍니다.

도서출판 행복에너지: www.happybook.or.kr
대표이사 권선복
HP: 010-8287-6277   Tel: 0505-613-6133   E-mail: ksbdata@daum.net

함께 보면 좋은 책들

소리(전 8권)

정상래 지음 | 각 권 13,500원

쏟아져 나오는 책은 많지만 읽을거리가 없다고 탄식하는 독자들이 많다. 그렇다면 근대 한국사에 담긴 우리 한恨의 정서에 관심이 있다면, 대하소설의 참맛에 대해 잘 알고 있다면, 정말 제대로 된 작품을 읽어볼 요량이라면 이 소설은 독자를 위한 더할 나위 없는 선물이자 생을 관통할 화두가 되어 줄 것이다.

조영탁의 행복한 경영이야기 세트(전 10권)

조영탁 지음 | 각 권 15,000원

행복한 성공을 위한 7가지 가치, 그 모든 이야기를 담은 『조영탁의 행복한 경영이야기』 전집은 자신은 물론 타인의 삶까지 행복으로 이끄는 '행복 CEO'가 되는 길을 제시한다. 다양한 분야에서 칭송을 받아온 인물들의 저서에서 핵심 구절만을 선별하여 담았다. 저자는 이를 '촌철활인寸鐵活人(한 치의 혀로 사람을 살린다)'으로 재해석하여 현대인이 지향해야 할 삶의 태도와 마음에 꼭 새겨야 할 가치를 제시한다.

열정 리더십의 스파크 경영

최유섭 지음 | 280쪽 | 15,000원

책 『열정 리더십의 스파크 경영』은 현재 20년 넘게 전문 전자부품 분야에서 정상의 자리를 지켜오고 있는 '텔콤'의 최유섭 대표이사의 경영론 모음집이다. 백전노장 CEO가 전하는 각종 경영 스킬은 임원이든 직원이든 회사 생활을 하는 사람이라면 그 누구라도 공감할 만한 현실 감각과 통찰력을 내비치며 신뢰감을 더해 준다.

하루 일자리 미학

김한성 지음 | 260쪽 | 15,000원

책 『하루 일자리 미학』은 현재 인력소개업을 하는 저자의 생생한 경험담을 바탕으로 인력소개업계가 앞으로 나아가야 할 올바른 방향은 무엇인지, 기업과 근로자 모두가 상생하는 방안은 무엇인지에 대해 제시한다. '건설인력업계 민간 부문 최초의 책'으로서 더욱 주목받고 있으며, 수많은 일용근로자들에게 삶을 알차게 가꿀 계기를 마련해주는 이정표가 되어 줄 것이다.

긍정의 힘

김영철 외 35인 공저 | 416쪽 | 17,000원

이 책은 성공을 거머쥐기 위해 반드시 갖춰야 할 자세 '긍정'의 힘이 얼마나 위력적인지를 다양한 목소리를 통해 들려준다. 자기 자신에 대한 굳건한 믿음, 아무리 힘겨워도 웃을 수 있는 밝은 마음이야말로 이 험난한 세상을 이겨나가게 하는 가장 큰 무기다. 긍정 선생이 전하는 도전, 성공, 웃음, 행복, 희망의 이야기를 만나보자.

소통의 유머 리더십

장광팔·안지현·이준헌 지음 | 264쪽 | 15,000원

늘 문제는 불통에서 시작된다. 21세기 대한민국의 화두가 '소통'인 까닭이 거기에 있다. 소통을 잘하기 위해 지금 당장 우리가 할 수 있는 것은 무엇일까. 책『소통의 유머 리더십』은 유머를 통해 소통을 이루고 이를 리더십의 극대화로 이끄는 방안에 대해 이야기한다. 이 책에 담긴 유머스킬들을 자신의 것으로만 만들 수 있다면 그 누구라도 유머의 달인, 유머를 아는 리더가 될 수 있다.

당신에게 포기란 어울리지 않는다

최성대 지음 | 232쪽 | 13,800원

이 책은 불굴의 의지와 끝없이 타오르는 열정으로 자신에게 주어진 고난을 꿋꿋이 이겨내며 결국 행복한 삶을 성취한 한 인간의 이야기가 담겨 있다. KB국민은행에서 지점장 자리까지 오르고 명예롭게 퇴직한 저자는 현재 박사, 교수로서 제2의 인생을 힘차게 이어나가고 있다. 자신의 사례가 현재의 힘겨운 삶 앞에서 괴로워하는 많은 독자들에게 작은 격려와 용기를 불어넣는 계기가 되기를 기대하고 있다.

공부의 모든 것

방용찬 지음 | 서한샘 추천감수 | 304쪽 | 15,000원

30년 동안 유수의 명문 학원에서 강사와 원장으로 활동하며, 학원 교육 분야에서 일가를 이뤄온 방용찬 원장의 책『공부의 모든 것』은 학생들이 자신의 공부법에 대한 문제점을 객관적으로 진단할 수 있도록 구성되어 있다. 교육을 매개로 저자와 한 가족과 다름없는 친분을 맺어온 학원가의 대부, 한샘학원 설립자 서한샘 박사의 감수와 적극적인 추천은 그 신뢰성을 더한다.

명세지재들과 함께한 여정
강 형(康洞) 지음 | 432쪽 | 25,000원

이책은 평생을 교육자로 살아온 강형 교수의 회고록이다. 1부는 오직 교육자의 길만을 걸어온 저자의 지난날의 대한 회상을 중심으로, 제자들과 함께한 그 열정의 여정에 대해 이야기한다. 2부는 저자에게 가르침을 받은 명세지재들의 옥고(玉稿)를 담고 있다. 이 책은 진정한 교육자의 길은 무엇인지 알려주고 대한민국 교육계의 미래를 위해 우리가 해야 할 일은 무엇인지에 대해 명쾌히 전하고 있다.

검사의 락
곽규택 지음 | 304쪽 | 15,000원

책 『검사의 락』은 15년의 검사 생활을 마치며 제2의 인생을 준비하는 곽규택 변호사의 '검사들의 삶, 검찰청 이야기'다. 대중에게 선보이기 위해 검사로서의 지난날을 솔직하고 담백한 필치로 정리해 오롯이 담아내고 있다. BBK 김경준 송환 작전부터 검찰총장 혼외자 의혹 사건까지 대한민국을 떠들썩하게 한 사건들의 뒷이야기를 솔직한 화법으로 풀어내고 있다.

학교가는 공무원
김영석 지음 | 304쪽 | 15,000원

『학교가는 공무원』은 교육행정공무원으로서 사명을 다해 온 저자가 현직 공무원의 열정과 철학을 담은 책이다. 인생역정을 에세이 형식으로 풀어나가는 초반부를 통해 자신의 교육관, 직업관, 인생관이 어떠한 과정을 통해 형성되었는지를 설득력 있게 제시하고 이를 통해 교육행정공무원으로서의 올바른 표상이 무엇인가를 보여준다.

한설
장한성 지음 | 372쪽 | 15,000원

시대를 대표하는 문인 '김승옥 소설가'가 추천하는, 장한성 공인회계사의 첫 소설! 한 번도 전문적으로 글을 배운 적 없는 저자가 백 일 만에 써낸 작품이라고는 믿기지 않을 만큼 거침없는 전개로 독자의 시선을 사로잡는다.
"한 시대를 살아온 청년들의 고뇌와 사랑을 담았다는 것만으로도 가치 있는 소설이다." – 김승옥(소설가)